런던북아트센터

한때 런던 인쇄 산업의 중심지였던 피시 아일랜드에 위치한 런던북아트센터London Centre for Book Arts, LCBA는 누구에게나 열려 있는 북아트 공방입니다.

두 예술가 사이먼 구드Simon Goode와 요네무라 이라Ira Yonemura가 운영하며, 지역 사회의 시민들이 북아트를 경험하도록 다양한 강좌를 개설하고, 예술가와 디자이너가 계속해서 책을 만들 수 있도록 공간과 공구를 저렴하게 빌려줍니다.

2012년 10월 영국 최초의 북아트센터로 문을 연 이후, 브리타니아 워크스에 있는 공방에서 지금까지 3000명이 넘는 대중을 대상으로 300개가 넘는 강좌와 워크숍을 운영했습니다. 워크숍 주제는 전통 제책과 판화 제작부터 현대 출판과 인쇄 기술에 이르기까지 매우 다양합니다. 현재는 영국과 세계 각지의 다른 단체와 기업, 대학 등에서 정기적으로 맞춤 워크숍을 주최합니다.

londonbookarts.org

Making Books

Copyright ⓒ Pavilion Books Company 2017

Text Copyright ⓒ Simon Goode and Ira Yonemura 2017

First published in Great Britain in 2017 by Pavilion, An imprint of Pavilion Books Company Limtited, 43 Great Ormond Street, London WC1N 3HZ

Making Books

런던북아트센터에서 배우는
12가지 핸드크래프트 북바인딩

사이먼 구드·요네무라 이라·런던북아트센터 지음
김부민 옮김, 신명희(꼬북스튜디오) 감수

푸른
지식

Contents

책을 읽기 전에	5
머리말	9
제책소	12
도구와 장비	20
재료	34
기법들	46
12가지 책 만들기	**62**
팸플릿(1~3번째 책)	66
콘서티나(4번째 책)	90
동양식 침 제책(5~6번째 책)	106
얇은 양장 제책(7~8번째 책)	130
노출 제책(9~10번째 책)	150
여러 대수 양장 제책(11~12번째 책)	172
구매처 목록	194
용어	196

일러두기
1. 독자의 이해를 돕기 위해 본문 곳곳에 감수자가 보충 설명을 달았으며, 경어체로 서술했습니다.
2. 옮긴이가 단 주의 경우 뒤에 '-옮긴이'라고 표기했습니다.
3. 194쪽의 '구매처 목록' 중 국내 목록은 감수자가 작성했습니다.
4. 본문에 나오는 '제책'과 '북바인딩'은, '낱장으로 되어 있는 종이를 실이나 철사 등으로 매고 표지를 붙여 한 권의 책으로 만드는 일'을 일컫는 단어로, 문맥과 상황에 따라 어울리는 단어를 택해 사용했으며 두 단어의 뜻은 같습니다.

책을 읽기 전에

이 책의 원서 『Making Books』가 출간되었을 때 저는 북바인딩을 좀 더 깊게 공부하고 싶어 런던에 머무르고 있었습니다. 책이 나왔다는 소식을 듣자마자 현지에서 바로 구입해 읽었습니다. 다양한 핸드크래프트 북바인딩 방법을 감각적인 이미지와 함께 엮은 책이라 출간 소식이 더욱 반가웠습니다. 그리고 이런 것도 궁금했죠. '과연 한국에 번역되어 출판될까?' '어떤 출판사가 이 책의 가치를 먼저 알아볼까?' 책을 펼쳐보니 기대한 것 이상이었습니다. 수많은 제책 방법 중 활용성이 높은 10여 가지가 보기 좋게 정리되어 있었습니다.

런던북아트센터에서 활동하는 두 아티스트가 집필했다는 점도 책에 대한 신뢰를 높였습니다. 그들은 모두 오랫동안 북바인딩을 공부하고 꾸준히 책을 만들어온 아티스트들입니다. 제가 런던예술대학교UAL, University of Arts London의 캠버웰칼리지 Camberwell College of Arts에서 북아트를 공부하던 때, 런던북아트센터는 학생들의 필수 방문 코스였습니다. 특히 제책에 관해선 런던에서도 가장 뛰어난 시스템을 갖춘 독특한 장소죠.

런던북아트센터는 책을 만들기 위한 모든 작업을 할 수 있는 공간입니다. 센터의 멤버가 되면 공간을 자유롭게 드나들며 레터프레스를 이용한 인쇄부터 제책, 후가공까지 모두 참여할 수 있습니다. 이곳에서 저는 책 만드는 과정을 직접 경험하며 꿈같은 시간을 보냈습니다. 또, 유럽 각지의 외부 강사들을 초빙해 다양한 북바인딩 워크숍을 진행하기 때문에 수준 높은 제책 작업을 경험하기에 가장 적합한 장소입니다.

이곳이 더 매력적으로 느껴졌던 이유는 오래된 제책 작업 방식에 안주하지 않고 새로운 스타일을 만들어갔기 때문입니다. 런던북아트센터의 작업자들은 전통적인 재료와 기법은 유지하되 특유의 모던한 감각을 뽐내는 작업을 추구합니다. 런던북아트센터는 유럽식 양장 제책에 관심이 생겨 제책 공부를 시작한 제게 책을 보는 새로운 관점을 가르쳐준 곳입니다. '기능에 충실하고 디자인은 단순하게.' 이 관점은 한국에 돌아와 시작한 꼬북스튜디오의 지향점이기도 합니다.

이 책에 나오는 12가지 핸드크래프트 북바인딩은 무한한 방법으로 응용할 수 있는 기본적인 제책법입니다. 책에 적힌 설명을 충실하게 따라가 책을 만들어도 좋고, 재료나 도구, 책의 크기, 내지 종이의 종류 등을 자기만의 방식대로 정해 책을 만들어도 좋습니다.

『메이킹 북스』에는 영국 현지에서 생산되거나 쉽게 구할 수 있는 재료들이 많이 나옵니다. 한국의 제책 환경과는 많이 다르죠. 그래서 저는 이 책을 보며 책을 만들 독자들이 누구든 익숙한 재료로 손쉽게 책을 만들 수 있도록 설명하려고 노력했습니다. 꼬북스튜디오라는 제책 공방을 시작한 뒤 1년 넘게 고민한 지점도 이와 비슷합니다. '유럽 현지에서 사용하는 재료와 그들의 제책 방식을 한국의 그것과 어떻게 연결하고 대체할 수 있을까?' 어느 것이 더 좋거나 나쁜지는 제가 함부로 따질 수 없겠지요. 더 많은 분이 제책의 매력을 깨닫고 책 만들기를 즐기기를 바랄 뿐입니다. 가까운 환경에서 쉽게 접근할 수 있는 방법을 찾아 책에 보충 설명을 달았습니다. 본문 곳곳에 추가된 감수자의 글이 도움이 되길 바랍니다.

북바인딩의 매력은 무궁무진합니다. 독립출판에 관심이 있는 분은 '나만의 책'을 만들 수 있습니다. 미술이나 글쓰기를 가르치는 선생님은 아이들의 결과물을 책으로 엮어낼 수 있습니다. 단순히 만들기를 좋아하는 분은 가벼운 취미 활동을 즐길 수 있습니다. 먼저, 주변에서 구할 수 있는 재료로 가볍게 시작하기 바랍니다. 만들기에는 정답이 없습니다. 완성된 책의 모양이 이 책에 나온 것들과 조금 달라도 상관없습니다. 일단 필요한 기본 재료들만 챙기고 책을 펼쳐주기 바랍니다.

한국에서 제책소를 운영하는 분들과 책 만들기, 그중에서도 '제책'에 관심을 가져준 독자들에게 감사의 인사를 올립니다. 그리고 감수의 기회를 주신 푸른지식 윤미정 대표님과 많은 도움을 준 성기병 편집자님, 그리고 김부민 번역자님에게 고마운 마음을 전합니다.

2018년 8월 감수자 신명희(꼬북스튜디오)

머리말

이 책이 누구나 쉽게 읽을 수 있는 제책 입문서가 되기를 바란다. 우리는 공방을 운영하는 것과 똑같은 철학으로 책을 썼다. 바로 실용과 전통의 어우름이다. 여러분은 이 책에서 전통 제책 기술을 실용적으로 개량한, 책 만드는 다양한 방법을 만나게 될 것이다. 우리는 기술을 개량할 때 특수한 장비와 재료의 사용을 최대한 줄여 집에서도 책을 만들 수 있게 하는 데 주력했다. 그리고 제책에서 엄격한 전통보다는 '책 만들기' 그 자체를 강조하기로 했다. 책을 평가할 때는 외양이 얼마나 아름다운지, 제책에 얼마나 복잡한 기술이 쓰였는지 뿐만 아니라, 예술가와 작가 그리고 지면을 통해 생각을 공유하려는 모든 사람이 이용하는 '실용적 전달 수단'으로서 그 진가를 알아봐야 한다는 사실을 이 책의 독자에게 전하고 싶었기 때문이다.

'북아트book art'라는 용어는 사람마다 다른 의미로 받아들일 수 있다. 아티스트북artist book과 서책 예술book work, 예술 제책fine bookbinding, 예술 출판, 아티스트 멀티플artist multiple 같은 용어는 잠재적으로는 모두 같은 것을 의미할지도 모른다. 하지만 그 형태는 천차만별일 수도 있다. 우리는 북아트가 책을 중심에 놓는 모든 발상과 표현 양식을 아우르는 용어이며, 아주 다양한 방식으로 접근할 수 있는 대상이라고 믿고 싶다. 간단히 말해, 아티스트북이란 예술가가 책의 형태와 개념(서사성, 정보의 전파, 텍스트, 이미지 등등)을 의도적인 방식으로 사용하여 만들어낸 작품이다.

머리말

런던북아트센터는 예술가가 직접 운영하고 일반 대중에 공개한, 북아트와 예술 출판만을 위한 공방이다. 수년간 장비와 기계를 수집하고 자금을 모은 끝에 우리는 지난 2012년 가을, 50평 규모의 공방으로 이사했다. 우리는 곧이어 지역사회에 공방을 개방하고, 제책 기술과 인쇄 기술을 가르치는 프로그램을 개설했다. 그리고 영국 최초로 대중 교육 프로그램을 갖춘 북아트센터가 되었다.

공방은 런던 동부의 피시아일랜드Fish Island에 기반을 두고 있는데, 길 바로 건너편에 퀸엘리자베스올림픽공원Queen Elizabeth Olympic Park이 있다. 피시아일랜드는 한때 런던 인쇄 산업의 중심지였다. 공방이 있는 건물에도 예전에는 인쇄소와 석판인쇄소lithographer가 있었다. 기술이 변하자 산업도 변했다. 피시아일랜드의 산업과 상업이 남긴 유산은 특수 인쇄소 두 곳과 오래된 멋진 건물 몇 채가 전부다. 공장들이 이 지역을 떠나면서 남긴 건물 상당수를 예술가들이 차지했다. 피시아일랜드와 인근 해크니위크Hackney Wick 지역은 최근 유럽에서 제일가는 예술 공방 밀집 지역으로 떠올랐다. 우리가 이처럼 공예의 역사가 깊은 지역에 공방을 세운 것은 순전히 우연이었다. 그렇지만 이 유산을 계속해서 지켜나가는 데 작게나마 이바지할 수 있기를 바란다.

머리말

임무와 지도 원칙은 처음부터 협력과 교육을 통해 영국 전역에서 북아트와 예술 출판을 활성화하고, 그 발전을 촉진하는 것이었다. 또 인쇄소와 제책소를 대중에 공개하여 이 특별한 지식을 공유하고 기술을 교류하고자 했다.

우리는 몇 가지 방식으로 임무를 수행한다.

교육
공방은 물론 학교와 대학, 화랑과 미술관 그리고 기타 여러 회장에서 정기적으로 워크숍을 개최하고 강좌를 개설한다. 우리 공방은 (이 책에서 일부 다룬) 제책이나 인쇄, 금속 각인, 제지, 마블링(marbling, 종이에 복잡한 무늬를 새기는 작업-옮긴이) 같은 공예 기술을 근본에 둔다. 우리는 창의적 출판 기법을 소개하는, 특히 예술가를 대상으로 한 워크숍과 강좌를 개최하기도 한다.

대중 개방형 공방
북아트센터의 시설과 장비를 회원들에게 개방한다. 우리는 최대한 많은 사람에게 공방을 공개하고자 최선을 다한다. 그렇기에 책을 만들어보고 싶은 사람은 그 누구라도 회원으로 가입할 수 있다. 예술가든 디자이너든 공예가든 우리는 누구도 가리지 않는다. 또한, 공방에서 일어날 수 있는 기술적인 문제나 자가 출판을 할 때 겪는 다양한 일을 조언하고 지도한다.

작업 공간
공방에는 창의적 프로그램이 여럿 있다. 공방 소속이 아닌 다른 예술가들에게 거처를 제공하고, 이들과 협업하여 책이나 출판물을 간행하는 프로그램도 있다. 공방을 운영하다 보면 여러 가지 좋은 점이 있다. 그중에서도 이렇게 다른 예술가들과 함께 일하며 그들의 작품 완성을 돕는 것은 정말 가슴이 벅차오르는 경험이다. 우리는 공방에서 출판기념회와 독서회, 도서 박람회 및 기타 행사를 정기적으로 개최함으로써 일반 대중이 현시대의 예술가와 작가, 출판인 들과 교류하도록 장려한다. 이들이야말로 우리가 오늘날의 북아트와 창의적 출판을 이해하는 방식을 구체화하게끔 도와주는 사람들이기 때문이다.

더 자세한 정보를 얻고 싶다면 홈페이지 londonbookarts.org를 참조하기 바란다.

왼쪽: 우리 공방은 두 예술가, 사이먼 구드Simon Goode와
요네무라 이라Ira Yonemura의 손에서 탄생했다.

제책소

제책소는 우리 공방의 공간 절반을 차지한다(남은 절반은 인쇄소다). 제책소는 한 주 내내 쉴 틈 없이 돌아간다. 항상 공방 구성원과 워크숍 참가자 들로 붐빈다.

제책소의 현재 배치 형태는 지난 4년간 우리 직원과 회원 들이 겪은 수많은 시행착오를 바탕으로 찾아낸, 우리에게 가장 잘 맞는 설계다. 이 책에는 집에서도 써먹을 수 있는 유용한 정보를 몇 가지 넣어두었지만, 실제로 작업을 시작할 때는 지난날의 경험을 돌아보면서 자신에게 가장 편안하고 실용적인 작업 환경을 찾아내면 좋을 것이다.

책에서 보게 될 몇몇 커다란 장비는 전문 장비라서 집에서 쓰기엔 실용성이 떨어진다. 그래서 이어지는 장에서 누구나 직접 따라 할 수 있는 대안을 제시했다.

제책소

제책소의 심장은 바로 **작업대**다. 제책 작업대는 모름지기 튼튼하고 안정감이 있어야 한다. 높이는 사용자의 허리에 닿을 만한 정도로 서서 작업하기에도 좋고, 앉아서 바느질이나 세부 작업을 할 때도 편안해야 한다. 또 상판의 너비가 우리가 쓸 가장 긴 자를 사용할 수 있을 만큼 넉넉하고, 재단판을 여유 있게 올려놓을 넓이여야 한다.

항상 최대한 작업 구역을 정리·정돈해야 한다. 어수선한 작업 구역은 사고와 실수를 부르는 가장 흔한 원인이다. 근처에 쓰레기통을 두어 PVA 접착제가 묻은 종이 쪼가리를 재빨리 버려버릴 수 있어야 한다. 이런 것들이 작품에 악영향을 미치게 두어선 안 된다.

우리는 보통 자주 쓰는 도구를 벽에 걸린 타공판pegboard에 걸어놓는다. 타공판에 걸린 붓이나 가위, 절단기, 자, 스프링디바이더, 망치, 실 등은 손을 뻗으면 닿는 거리에 둔다.

작업대를 비롯해 우리 제책소에 있는 몇몇 가구는 본래 옥스퍼드대학교University of Oxford의 보들리안도서관Bodleian Library에서 쓰려고 제작한 것이다. 보들리안도서관은 유럽에서 역사가 가장 깊은 축에 드는 도서관이다. 그 도서관이 새 제책소를 짓기 시작하면서, 우리는 운 좋게도 몇몇 가구를 입수할 수 있었다.

제책소

작두형 판지 재단기board chopper는 회색판지나 밀판지를 자르고 다듬는 데 쓴다. 작두형 판지 재단기는 칼날 두 개가 나란히 붙어 마치 가위처럼 작동하는 장치다. 판지를 쉽게 자를 수 있으며, 특히 판지를 사각형으로 똑바로 자를 때 유용하다. 작두형 판지 재단기는 무겁고 튼튼하며, 흔히 철로 만든다.

레잉프레스laying press와 **피니싱프레스**(finishing press, 18쪽 참조)는 나무로 된 압착기로 책등을 작업할 때 책을 단단히 고정하는 장치다. 책등에 풀칠하거나, 형태를 다듬거나, 책귀내기 작업을 하거나, 헤드밴드나 테일밴드를 꿰매거나, 염색하거나, 금박을 입히거나, 장식할 때 쓴다. 레잉프레스가 피니싱프레스보다 크다. 이 압착기들은 '터브tub'라고 불리는 나무틀과 함께 사용한다. 허리보다 살짝 아래 높이로, 커다란 책을 작업하거나 재단용 칼날plough을 설치해 책을 재단할 때 쓴다.

우리 공방에서 아주 자주 사용하는 장치 가운데는 전동 **재단기**electric guillotine가 있다. 전동 재단기는 종이 1연을 원하는 크기로 자르고, 책의 끄트머리를 사각형으로 똑바로 다듬는 데 쓴다. 전동 재단기를 이용할 수 없다면, 손수 책을 자르고 다듬어도 된다(53쪽 참조). 그러나 작업해야 할 책이 여러 권이거나 쪽수가 아주 많다면, 주변 인쇄소나 복삿집을 찾아 도움을 청하는 편이 나을 것이다.

왼쪽에서 오른쪽으로: 작두형 판지 재단기, 레잉프레스, 전동 재단기.
직접 제책할 때 어떻게 다듬을지는 어디까지나 취향의 문제다.
책을 손수 만드는 흔적을 남기길 원하는 사람은 다듬기 작업을 하지 않는 편을 선호할 수도 있다.

제책소

실재본틀(혹은 사철기, sewing frame, 왼쪽 아래)은 우리 제책소에 있는 아주 유서 깊은 장비다. 나무로 만든 이 엮음대는 책 여러 권의 대수(섹션)를 동시에 꿰매는 데 쓴다. **피니싱프레스**(오른쪽 아래)는 레잉프레스와 마찬가지로 책등에 풀칠하고 책뭉치를 정렬할 때 책을 고정하는 장치다. 피니싱프레스는 상대적으로 작은 책을 작업하기에 적합하다.

제책소

우리 제책소에는 철제 **니핑프레스**nipping press가 몇 개 있다. 니핑프레스는 대부분 제책소에서 흔히 찾아볼 수 있는 장치인데, 생김새가 아주 독특하여 마치 골동품처럼 보일 때가 많다. 책이나 대수, 판지에 압력을 가하고 평평하게 하는 데 쓴다.

니핑프레스는 책을 눌러두는 데 쓰는, 전문가들이 사용하는 제책 도구입니다. 보통은 철재로 만들지만, 원목으로 만든 제품도 있습니다. 철제 프레스를 찾고 싶으면, '주물형 프레스'라고 검색하면 됩니다.

도구와 장비

집에서 책을 만들 때는 그리 많은 도구가 필요하지 않다. 아주 적은 도구로도 온갖 작업을 다 할 수 있기 때문이다. 제책 작업의 상당 부분은 분명 임기응변으로 해결할 수 있다. 그래도 몇몇 도구는 꼭 있어야만 한다. 우리는 책 만들기 작업에 필요하면서도, 상대적으로 값이 저렴한 도구들의 목록을 만들었다.

이 도구들 가운데 상당수는 제책뿐만 아니라 그 어떤 작업에도 유용하게 써먹을 수 있다. 혹여 이 도구들을 구하지 못하더라도 동네 DIY용품점을 뒤져보면 이를 대체할 수많은 도구를 찾아낼 수 있을 것이다.

공예가들이 흔히 그러하듯이, 제책 장인은 자신의 도구에 특별한 유대감을 느끼곤 한다. 그리고 제책 도구 역시 주인의 개성을 드러내기 마련이다. 실제로 써보면서 자신과 잘 맞고, 각 작업 방법과 잘 어울리는 도구를 찾아보길 바란다.

도구와 장비

이 녀석들이 필요할 겁니다

아무런 사전 지식이 없다면, 간단한 도구를 몇 개 모으는 데서 시작하면 된다. 다음은 우리가 선별한 초심자용 제책 도구의 추천 목록이다.

1. 곱자
2. 클립포인트 슈나이프
3. 불도그클립이나 폴드백클립
4. 칼(사진에 등장하는 칼은 스완모턴Swann Morton사의 칼로, 3번 손잡이와 10A번 칼날이다.)
5. 송곳
6. 가위
7. 풀칠용 붓(아교 솔)
8. 스프링디바이더(10cm)
9. 본폴더(접지주걱, 15cm 길이에 끝이 뾰족한 것으로 준비한다.)
10. 심이 가는 연필 혹은 샤프, 지우개
11. 제책용 바늘(18호)
12. 철제 자
13. 철제 삼각자
14. 누름판과 무게 추(사진에는 없음)
15. 재단판(사진에는 없음)

좀 더 전문적인 제책 도구와 재료를 구하고 싶다면 우리 책 194~195쪽을 확인해주세요.

우리는 이왕이면 영국에서 제작되는 도구를 추천하고자 최대한 노력했다. 도구의 품질 때문이기도 하지만, 대를 이어가며 전통 도구를 제작해온 업체들을 지원하기 위해서다. 도구를 만드는 열정적인 장인들을 찾아내고, 그들과 친분을 쌓는 일은 진정으로 두 눈을 부릅뜨게 하는 놀라운 체험인 동시에 우리를 고무하고 영감을 불어넣는 경험이다.

본폴더

본폴더bone folder는 보통 소뼈로 만든다. 길고 얄팍한 도구로, 종이를 접거나 종이에 자국을 남기는 데 쓴다. 본폴더는 대개 끝이 뾰족하며, 한쪽 날이 다른 쪽보다 얇다. 우리 작업장에서는 길이가 15cm인 한쪽 날이 뾰족한 본폴더를 쓴다. 제책 기술자는 대부분 크기와 형태가 제각각인 일련의 본폴더를 갖춰둔다. 제책 유형마다 적합한 본폴더가 따로 있기 때문이다. 본폴더에는 주기적으로 윤활유를 발라주어야 한다. 하룻밤에 걸쳐 광물유mineral oil에 푹 담가두면 된다. 아니면 몇몇 제책 기술자가 선호하는 것처럼 뾰족한 끝부분부터 날을 따라 기름을 묻힌 천으로 문질러줘도 좋다.

테플론폴더

테플론폴더teflon folder는 테플론으로 만든 접지용 도구다. 본폴더와 마찬가지로 테플론폴더도 크기와 형태가 천차만별이다. 테플론폴더는 본폴더보다 비싸지만, 특별한 장점이 있다. 작업하는 소재에 무늬를 남기거나 광택이 나게 하지 않는다는 점이다. 특별한 책을 만들거나 섬세한 작업을 진행할 때는 이런 점을 고려하는 것이 좋다.

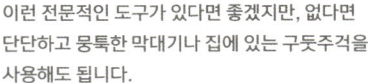

이런 전문적인 도구가 있다면 좋겠지만, 없다면 단단하고 뭉툭한 막대기나 집에 있는 구둣주걱을 사용해도 됩니다.

송곳과 핀바이스

송곳은 바늘 형태의 날카로운 칼끝에 손잡이가 달린 도구로 종이나 판지에 바느질용 구멍을 뚫는 데 쓴다. 우리 작업실에 있는 송곳은 둥근 나무 손잡이에 5.75cm짜리 칼날이 달린 것이다. 핀바이스pin vice는(사진에 없음) 송곳과 유사한 도구로 손잡이와 물림쇠 그리고 교체할 수 있는 부착형 드릴이나 칼날, 바늘 등으로 이루어진다. 핀바이스를 사용하고 싶다면, 18호 제책용 바늘을 달아 사용하길 추천한다.

붓

붓brush은 PVA 접착제나 풀을 바르는 데 쓴다. 크기와 재질이 아주 다양한데, 만들려는 책의 제책 유형에 걸맞은 붓을 고르는 편이 바람직하다. 우리 공방에서는 보통 돼지털로 만든 지름 3cm에 길이 15cm짜리 브라이들브러시bridled brush를 쓴다. 브라이들브러시는 붓털 중간에 물림쇠를 끼운 붓이다. 붓털이 마모되면, 끝부분을 다듬거나 물림쇠를 풀어 붓털의 아래쪽 절반을 제거하는 식으로 관리할 수 있다. 붓에 금속제 물림쇠가 달리거나 붓털과 손잡이가 금속으로 이어져 있다면, 시간이 흐르면서 색이 변하거나 녹이 슬 것이다. 그러니 붓을 사용한 다음에는 항상 잘 헹구고 완전히 말려야 한다.

클립포인트 슈나이프

클립포인트 슈나이프clipt-point shoe knife는 주로 구두 수선공이 사용하는 도구다. 제책 기술자는 이 도구를 종이를 가르는 데 쓴다. 클립포인트 슈나이프는 어떤 공방에나 적합하고 편리한 다용도 칼이다. 버터나이프를 대용품으로 써도 좋다.

칼날이 무딘 칼입니다. 편지 봉투를 뜯을 때 쓰는 '페이퍼나이프(paper knife)'를 생각하면 됩니다.

도구와 장비

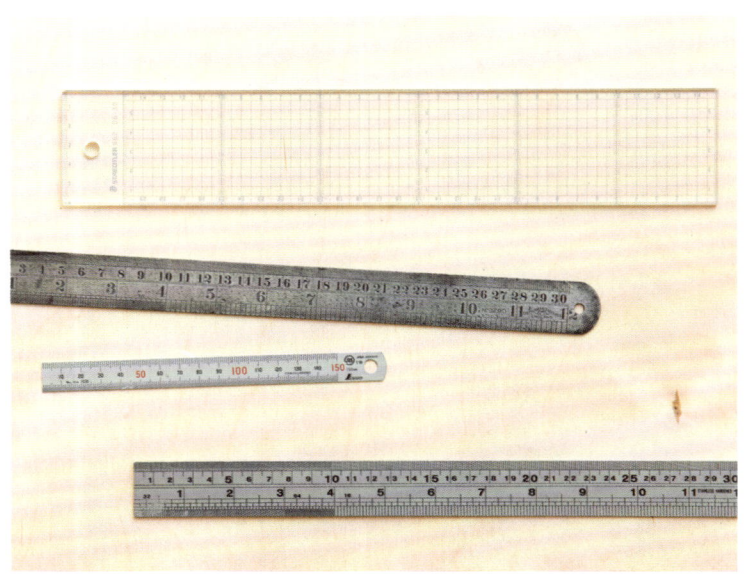

자

자ruler는 길이를 측정하거나 표시하는 데 쓴다. 최소한 두 개의 철제 자를 구하길 권한다. 짧은 자(30cm)와 긴 자(60cm)가 필요하다. 가능하다면 격자 모양의 눈금이 새겨진 투명한 자도 있으면 좋다. 자가 미끄러지는 사태를 방지하고자 될 수 있으면 무거운 자를 쓰는 편이 좋다.

곱자

곱자engineer's square/try square는 무언가가 정확히 직각을 이루는지 측정하고 표시하는 데 쓰는 도구다. 곱자의 날은 항상 철제지만, 손잡이는 철제일 수도 있고 목제일 수도 있다.

흔히 보는 공예용 직각자와 달리 곱자는 두 모서리의 높이가 달라, 판지 한쪽에 걸쳐놓고 종이의 각도가 수직이 맞는지 확인할 수 있습니다. 인터넷에 '직각 스퀘어(square)'라고 검색하면 쉽게 찾을 수 있습니다.

철제 삼각자

철제(혹은 플라스틱제) 삼각자set square/metal triangle는 사물의 각도가 직각이나 45도를 이루는지 측정하고 표시하는 데 쓴다.

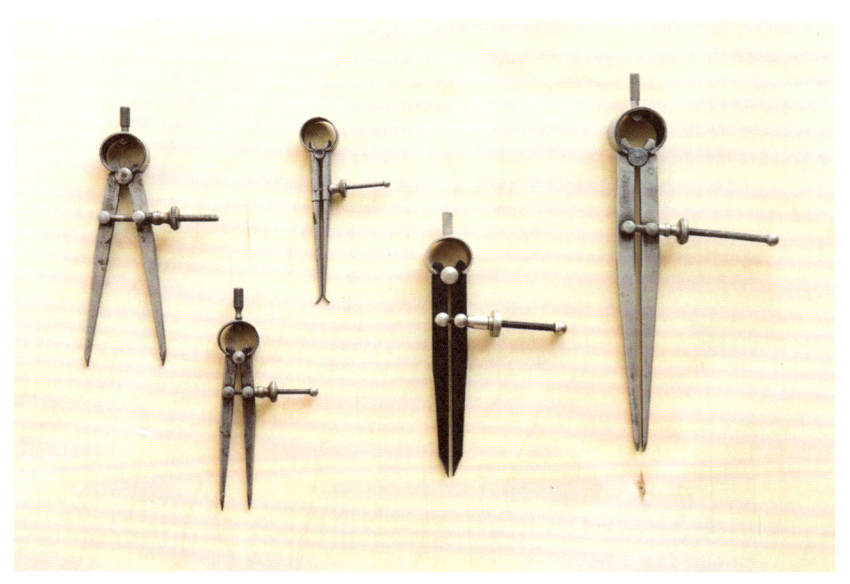

스프링디바이더

길이를 정확히 측정하고, 같은 길이를 반복적으로 표시하는 작업을 할 때 쓰는 공구다. 스프링디바이더spring divider의 길이는 10cm면 충분하다. 이만하면 온갖 용도로 쓸 수 있으며, 제책용으로 쓰기에 더없이 좋다(만약 커다란 책을 제책하려 한다면, 책 크기에 걸맞은 커다란 스프링디바이더가 더 편리할 것이다).

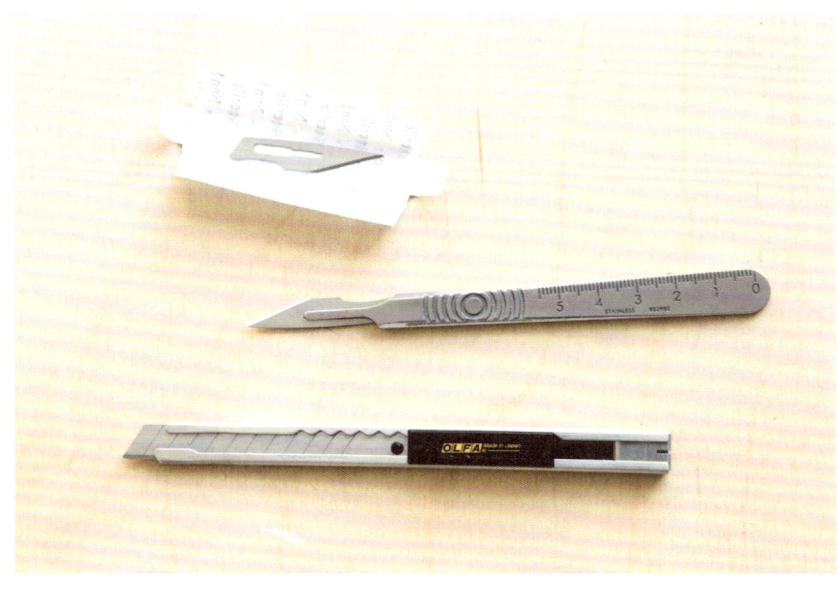

칼

우리 책에서 자주 쓰는 칼은 '메스scalpel'로, 손잡이와 교체형 칼날로 이루어진 도구다. 칼날은 그 형태와 크기가 매우 다양하다. 제책소에서 가장 흔히 쓰는 메스, 즉 칼은 스완모턴사에서 제작한 3번 손잡이에 10A번 칼날이 달린 것이다. 스완모턴사의 칼이 아니더라도 다루기 쉽고, 정확히 자를 수 있고, 칼날을 교체할 수 있는 어떤 칼을 써도 좋다.

이 책에서는 교체형 칼날을 끼워 쓰는 메스를 주로 사용하지만, 집에서 흔히 볼 수 있는 일반적인 커터칼을 사용해도 됩니다.

재단판

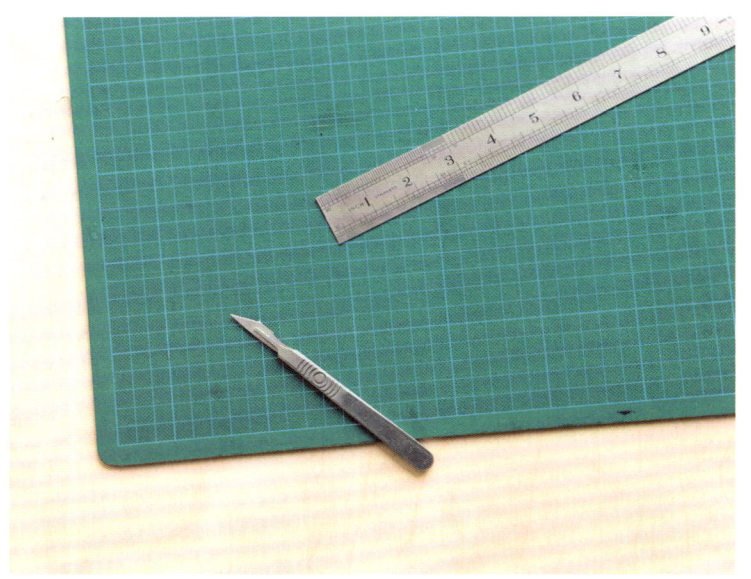

재단판cutting mat은 메스나 날카로운 칼을 사용할 때 바닥에 놓고 쓰기에 안성맞춤인 깔개다. 재단판 표면에는 칼날이 낸 상처를 스스로 수복하는 기능이 있다. 재단판에는 보통 격자가 그려져 있는데, 때때로 아주 유용하다. 작업하는 책보다 훨씬 큰 재단판을 쓰는 편이 좋다. A3나 A2 크기가 적절하다. 재단판은 미술용품점이나 공예품 가게에서 쉽게 구할 수 있다.

가위

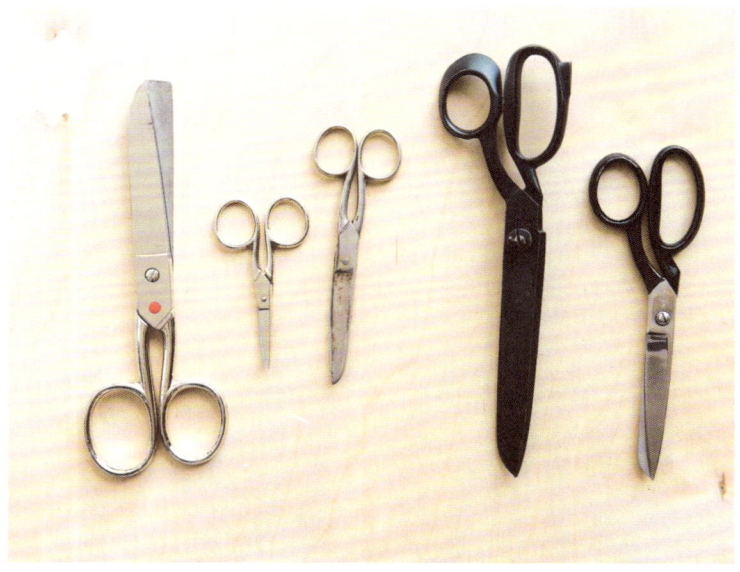

제책소에서는 가위scissor나 대형 가위shear를 실이나 북클로스를 자를 때 쓴다(종이를 자를 때는 보통 메스나 슈나이프를 쓴다). 제책 기술자는 본래 제책용으로 고안된 특수한 대형 가위를 쓴다. 이 가위는 정확하게 재단하고자 위쪽 날을 무디게 한 것이다. 특수 가위를 구할 수 있으면 좋겠지만, 초심자는 품질만 좋다면 어떤 가위나 대형 가위를 써도 무방하다.

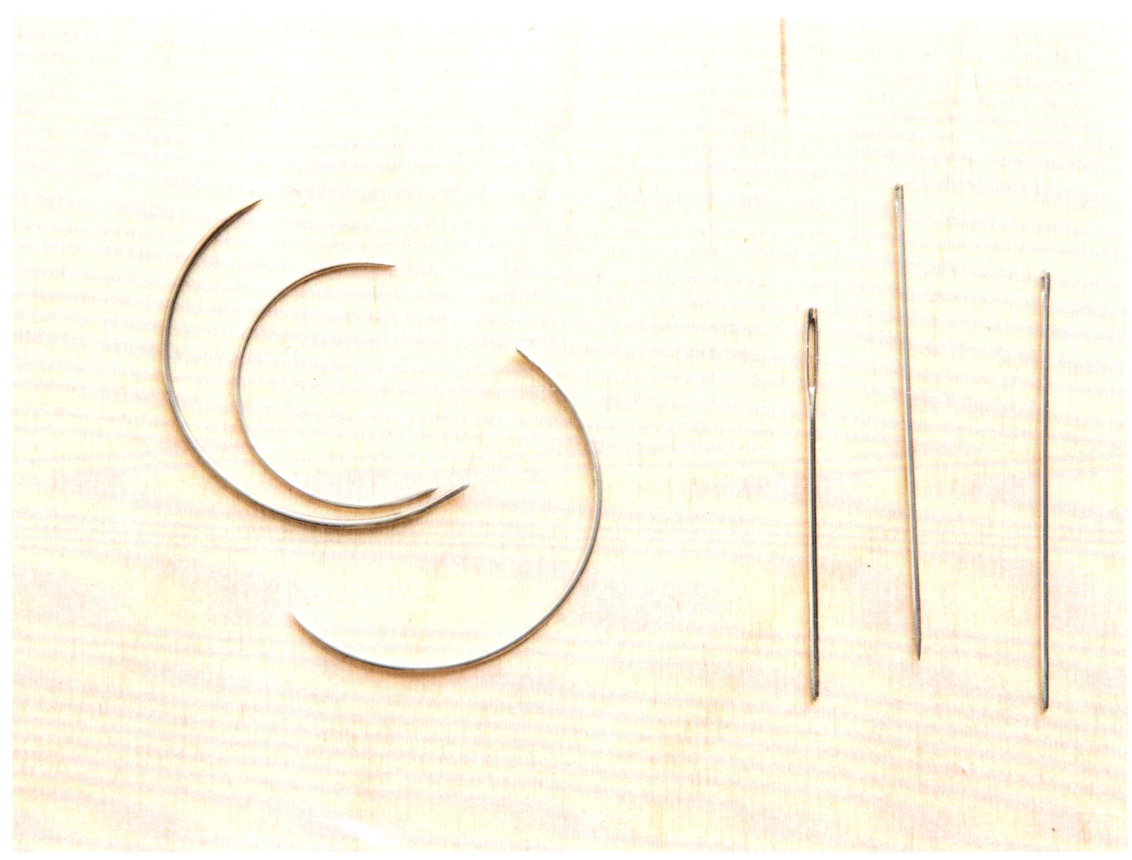

바늘

종이를 하나로 묶어 대수를 만들 때는 우선 송곳으로 구멍을 낸 다음에 바늘needle을 이용해 엮어야 한다. 또 겹대수 제책이나 여러 대수 제책을 하려면 대수들을 하나로 엮어야 한다. 제책소에서 가장 흔히 쓰는 바늘은 18호 제책용 바늘과 새들러Saddler사의 가죽용 바늘이다. 이 두 종류의 바늘은 모두 아마실을 끼워서 쓰기에 적합하며, 바늘구멍이 잘 연마되어 실이 쉽게 빠지거나 끊어지지 않는다. 새들러사의 가죽용 바늘은 끝이 뭉툭하여 대수를 엮으려다가 실수로 구멍을 내거나 할 염려가 없다. 대용품으로 짜깁기 바늘darning needle이나 구슬꿰기 바늘beading needle을 써도 좋다. 매트리스 바늘mattress needle이라고도 불리는 굽 바늘curve needle은 **사슬짜기 제책**(152쪽 참조) 같은 특수한 기법을 쓸 때 유용하다.

제책용 바늘이 없다면, 근처에서 구할 수 있는 바느질용 돗바늘이나 가죽공예용 바늘 등으로 무작정 도전해도 좋습니다.

책귀내기 망치

책귀내기 망치backing hammer는 본래 가죽 세공과 구두 제작에 쓰던 도구였다. 책귀내기 망치는 머리가 넓고 무거우며 부드러운 곡선을 이루는 형태로 되어 있다. 이와 비슷한 망치라면 얼마든지 대용품으로 써도 좋다. 망치 머리가 둥글고 그 표면이 매끈하기만 하면 된다. 책귀내기 망치는 **둥근등 양장 제책**(186쪽 참조)을 할 때 책등을 둥글리는 용도로 쓴다.

불도그클립 또는 폴드백클립

불도그클립bulldog clip과 폴드백클립foldback clip은 소량의 종이 뭉치나 대수 뭉치가 흩어지는 일을 방지하는 데 쓴다. 미술용품점이나 사무용품점에서 쉽게 구할 수 있다.

따로 구입할 필요 없이, 사무실이나 집 안에 굴러다니는 클립을 쓰면 됩니다.

무게 추와 누름판

제책소에서는 니핑프레스로 책이나 대수를 압축하여 최대한 평평하게 한다. 이를 대체할 방법은 MDF나 나무로 만들어진 한 쌍의 무게 추weight와 누름판pressing board을 사용하는 것이다. 작고 무거운 물건은 무엇이든 무게 추로 쓸 수 있다. 자갈이 든 통이나 벽돌, 구식 다리미 같은 것들 말이다. 물론 골동품 가게나 고물상에 가면 고풍스러운 추를 쉽게 찾아볼 수 있다. 비닐 랩이나 종이, 천 등으로 추를 감싸 추가 아무런 자국을 남기지 않도록 하는 데 주의한다. 누름판은 완벽히 평평하고, 표면이 매끄러워야 한다. 그리고 작업하는 책보다 길이와 너비가 각각 최소한 5cm 이상 커야 한다.

누름판은 1cm 두께의 MDF 판을 사용하면 좋습니다. 무게 추는 가벼운 문진부터 아령이나 덤벨까지 쉽게 구할 수 있는 도구를 찾아보세요. 잊지 말아야 할 것은 무거울수록 압축 효과가 좋아진다는 것!

재료

제책 작업을 계획할 때는 시각적으로 서로 잘 어울리는 소재를 골라야 할 뿐만 아니라 특성과 성질이 서로 잘 어우러져 각각의 장점을 최대한 살릴 수 있는 소재를 골라야 한다. 이번 장에서 다루는 재료들은 (이전 장에서 다룬 도구들과 마찬가지로) 저마다 고유한 성질과 용도가 있다. 이는 최고의 책을 만들려면 반드시 고려해야 할 사항이다.

우리는 이 책에서 가능한 한 구하기 쉽고 주문 제작하지 않아도 되는 재료들로 선별했다. 책 만들기를 처음 시작하는 독자에게는 값이 아주 비싼 최고급 재료에 집착하기보다는 품질과 가격이 적절한 균형을 이루는 재료를 찾으라고 권하고 싶다.

이번 장에서는 우선 책의 구조를 간략히 살펴볼 것이다. 책이 어떻게 구성되어 있는지 그리고 책의 각 부분이 어떤 이름으로 불리는지 상세히 살펴볼 예정이다. 이는 이어지는 장들을 이해하는 데 큰 도움이 될 것이다. 책에 관한 기초 용어를 살펴본 뒤에는 다양한 재료의 용도와 고유한 특성을 살펴보고 재료의 크기와 무게, 종이결 등도 자세히 알아볼 것이다.

재료

책 구조도

책은 대개 앞표지와 뒤표지, 내지, 책등으로 구성된다. 책을 조금 더 자세히 묘사하고 싶다면, 특히 자신만의 책을 만드는 작업을 시작하고 싶다면 간단한 용어를 몇 개 배워야 한다. 아래 삽화는 책의 기본 구조를 묘사한 것이다. 또한 다음 쪽의 삽화는 양장 제책한 책의 각 부분을 묘사한 것이다(이런 용어들은 모든 제책에서 똑같이 사용한다).

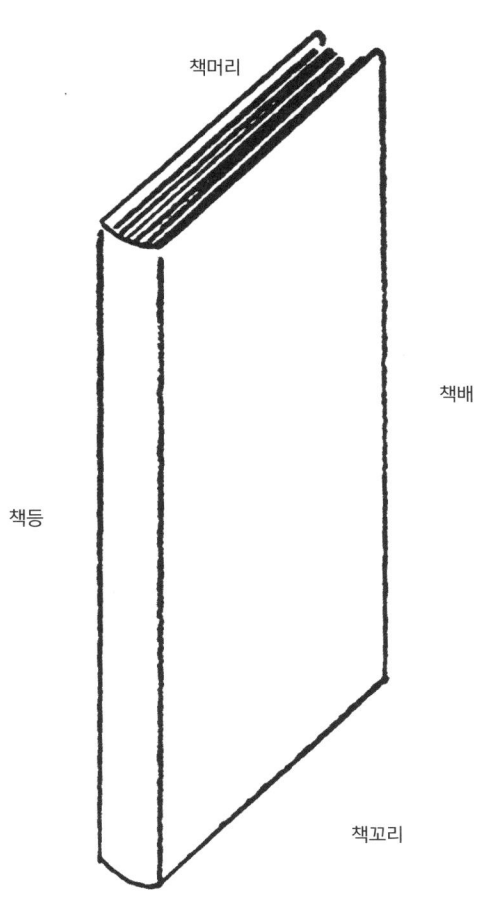

재료

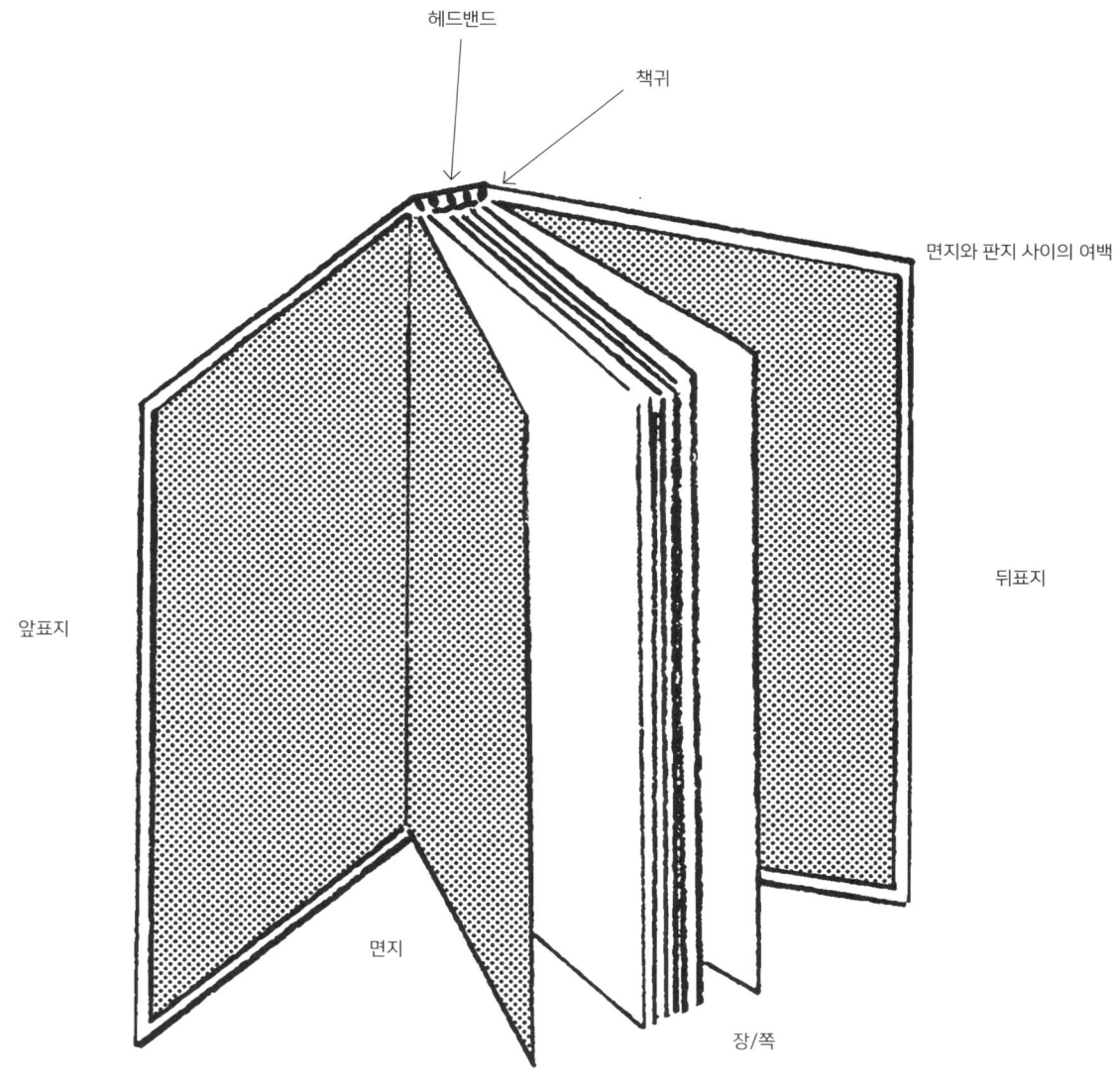

재료

북클로스

전통적인 북클로스bookcloth는 천에 얇은 종이를 덧댄 형태로 만든다. 덧댄 종이는 천이 PVA 접착제에 물드는 일을 방지한다. 이런 형태의 북클로스는 색상과 마감 방식이 아주 다양하다. 이밖에 다양한 형태의 북클로스를 사용한다. 가령 심미성보다 내구성을 중시하는 도서관 제책library binding에는 버크럼buckram 같은 플라스틱을 첨가한 튼튼한 북클로스를 주로 쓴다.

실

제책에는 튼튼하고 오래가는 아마실linen thread을 가장 널리 쓴다. 아마실은 아마로 짠 실을 말하는데, 굵기와 색상이 매우 다양하다. 제책에는 흔히 18/3, 25/3, 40/3 아마실을 쓴다. 18/3번 실이 가장 두껍고, 25/3번 실은 다용도로 쓰는 중간 굵기며, 40/3번 실은 가장 얇다('18/3'에서 앞쪽 숫자는 실의 굵기를 나타내며, 뒤는 가닥수를 나타낸다. 18/3번 실은 한국에서 흔히 '3합 18'이라고 부른다.-옮긴이). 아마실은 흔히 꾸리나 타래 단위로 쉽게 구할 수 있다. 아마실을 제책용으로 쓰려 한다면, 사용 전에 미리 한두 번 정도 왁스를 먹여두는 편이 좋다. 실에 왁스를 먹이면 마찰이 줄어들고, 실이 좀처럼 꼬이지 않아서 더 쉽게 바느질할 수 있다(59쪽 참조).

아마실을 사용하면 가장 좋지만, 아마실만큼 튼튼하고 질긴 실이라면 다른 실도 충분합니다.

PVA 접착제

아세트산비닐polyvinyl acetate, PVA은 제책용 PVA 접착제로 흔히 사용한다. 할 수만 있다면, 제책 전용 PVA 접착제를 구하는 것이 가장 좋다. 전용 접착제는 싸구려 공예용 풀과는 비교할 수 없을 만큼 품질이 좋고, 대개 아주 오랜 시간이 지나도 접착력을 유지하기 때문이다. 제책 기술자는 PVA 접착제를 주로 사용한다. PVA 접착제는 마를 때 잔류물을 남기지 않고, 사용이 간편하며, 수성이기 때문이다. PVA 접착제는 여러 대수 양장 제책에서 책등에 풀을 먹이거나, 회색판지에 장정용 천을 붙이거나, 여러 재료에 래미네이트laminate 작업을 하는 데 쓴다.

회색판지, 밀판지

회색판지greyboard나 밀판지millboard는 양장 제책을 할 때 쓴다. 아주 다양한 두께로 쓰이는데, 우리는 주로 1mm, 1.5mm, 2mm, 3mm 두께의 회색판지를 사용한다. 책이 얼마나 오래 보존될지를 염려하는 독자라면 회색판지 대신 밀판지를 쓰는 편을 추천한다. 회색판지는 재활용지며, 산성을 띠기 때문이다. 밀판지는 산성 용지가 아니므로 시간이 흘러도 부식하지 않는다. 주로 1.2mm에서 3mm 두께를 쓴다. 밀판지는 회색판지보다 보통 너덧 배는 비싸므로, 특별한 책을 만들고자 할 때를 위해 아껴두는 편이 좋다.

재료

세양사와 프레이나트 캘리코

양장 제책을 할 때는 책등에 세양사mull나 프레이나트 캘리코(fraynot calico, 해짐 방지용 옥양목)를 안감으로 대어 견고성과 유연성을 높여야 한다. 세양사는 성기게 짠 직물에 풀을 먹여 강도를 높인 아주 얇은 면포다. 캘리코는 표백 가공한 거친 면직물인데, 제책 작업에 쓰는 프레이나트 캘리코는 이름 그대로 재단해도 옷감이 해지지 않게 처리한 캘리코다.

방습용지

방습용지vapor barrier paper & plastic는 PVA 접착제를 바른 책을 말릴 때, 접착제의 수분이 책의 다른 부분으로 번지는 일을 방지한다. 또한 낱장들이 서로 눌어붙거나 습기로 말미암아 주름지는 일을 막는다. 우리 제책소에서는 방습용품을 몇 종류 사용하는데, 가장 저렴하고 가장 많이 쓰는 것은 투명 아세테이트필름이다. 납지나 내부를 코팅해놓은 서류철을 분해해서 방습용으로 이용할 수 있다. 방습용지는 책의 각 면보다 크기가 조금씩 더 커야 한다. 방습용지는 흔히 압지blotting paper와 함께 쓰는데, 이 둘은 책을 빨리 마르게 해준다.

슈퍼마켓 주방용품 판매대에서 구할 수 있는 유산지 또는 노루지를 이용하면 됩니다.

리본

양장 제책을 하면서 서표용 리본Ribbon을 달고 싶은 분에게는 폭이 3mm인 리본을 추천한다. 리본은 바느질용품점이나 재봉 작업장에서 쉽게 구할 수 있다.

크라프트지와 마닐라지

크라프트지kraft paper와 마닐라지manila paper는 모두 튼튼한 종이로, 양장 제책을 할 때 책등 안감(등지)으로 쓰거나 책등을 보강하여 곧게 유지하는 용도로 쓴다. 크라프트지는 마닐라지보다 얇다. 무게는 보통 90g 정도며, 색은 대개 갈색이다. 흔히 소포를 포장하는 데 쓴다. 마닐라지는 튼튼한 판지로, 무게가 200g 정도. 책등을 만들기에 적합하며, 얇은 북클로스로 마감할 때 보강재로 사용하기에도 좋다.

헤드밴드

헤드밴드headband나 테일밴드endband는 전통적으로 얇은 노끈이나 가죽으로 만든 가운데 가닥을 감싼 실 혹은 염색한 명주실로 만들었다. 이러한 실이나 명주실을 책등의 책머리 부분에 수놓으면 헤드밴드가 되고, 책꼬리 부분에 수놓으면 테일밴드가 된다. 헤드밴드는 책머리와 책꼬리가 닳아 없어지는 일을 방지하기도 하지만, 그보다는 장식하는 기능이 더 크다. 초심자라면 공장에서 대량으로 생산하여 얼레 단위로 판매하는 헤드밴드를 사서 쓰라고 권하고 싶다. 이 헤드밴드를 필요한 만큼만 잘라내어 책머리와 책꼬리에 붙이는 편이 훨씬 쉽고 편리할 것이다(180쪽 참조).

폐지

항상 폐지를 비축해놓길 바란다. 폐지는 풀칠할 때 아주 요긴하다. 오래된 신문이나 잡지 정도면 충분하다.

종이 규격

ISO 국제 표준은 종이의 크기 paper size를 나타내는 일련의 규격이다. (미국과 캐나다라는 커다란 예외를 제외하면) 전 세계 국가들은 대부분 ISO 국제 표준을 이용한다. ISO 표준에는 A와 B, C라는 측정 단위가 있다. 우리는 초심자를 위해 가장 널리 쓰이는 A 규격에 따른 용지만을 사용했다.

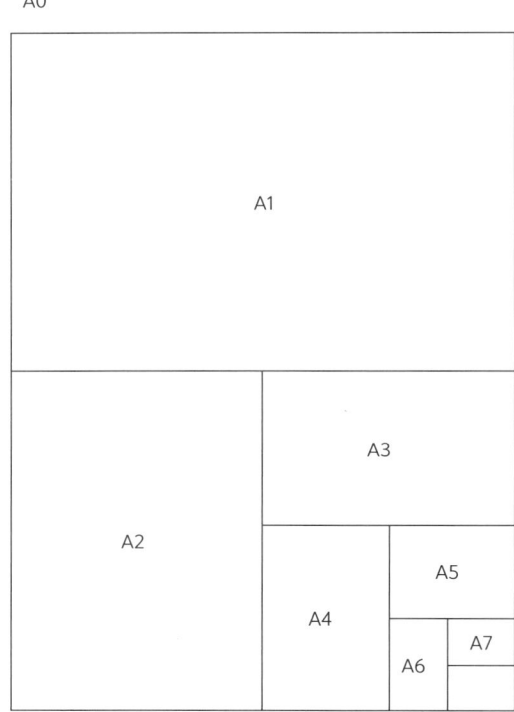

A0 841×1189mm (33×46.75inch)
A1 594×841mm (23.5×33inch)
A3 297×420mm (11.75×16.5inch)
A4 210×297mm (8.25×11.75inch)
A5 148×210mm (5.75×8.25inch)
A6 105×148mm (4×5.75inch)
A7 74×105mm (3×4inch)

위 도표에서 보다시피, ISO 표준에 따른 용지는 가로세로 비율이 모두 똑같다. 그러므로 A1 용지 한 장을 가로 방향으로 반으로 접거나 잘라도 길이와 너비가 처음과 똑같은 비율을 유지한다.

상점에서는 대부분 용지를 A 규격에 따른 용지로 구비해둔다. A 규격 용지를 구할 수 없다면, 종이를 직접 위에 적힌 규격에 맞게 조절하거나, 다른 단위에 맞춰 잘라놓은 용지를 사용하되 다른 모든 치수를 용지 크기에 비례하여 조정하기를 권한다. inch로 표시한 규격은 근사치다.

종이 무게

종이의 무게 paper weight는 1m²당 그램(gsm, grams per square meter, 평량)이라는 단위로 측정한다. 그러므로 '평량枰率 100g(100gsm)'짜리 종이를 1m² 단위로 잘라 무게를 재면 100g이다. 평량은 종이 한 장의 무게를 정확히 나타내지만, 반드시 종이 두께에 관한 정보를 알려주지는 않는다. 종이의 무게가 반드시 두께와 일치하지는 않기 때문이다. 어떤 용지는 (특히 윤기가 흐르거나 코팅한 종이는) 비슷한 무게의 코팅하지 않은 종이보다 훨씬 얇을 수도 있다.

대체로 평량이 60g(아주 얇고 가벼운 종이)에서 150g(두껍고 무거운 종이) 사이의 용지라면, 그 어떤 용지라도 책의 낱장(혹은 내지)으로 써도 좋다. 될 수 있으면 책의 크기와 종이의 무게 사이에서 균형을 맞추는 편이 좋다. 무겁고 두꺼운 종이는 커다란 책을 만들기에는 적합할지 몰라도 작은 책을 만들기에는 너무 과할 수 있다.

국내에서는 그냥 숫자 뒤에 'g'라고만 붙여 종이의 두께를 표시합니다. 이 책에서도 역시 'gsm'이 아니라 'g'으로 표기했습니다.

종이결

종이결 grain direction은 제책 작업을 시작하기 전에 가장 먼저 확인해야 할 사항이다.

아마 이 책을 읽는 사람 중 대다수는 공장에서 대량 생산한 종이를 쓰게 될 것이다. 이런 종이는 모두 결이 있다. 제지 공정 동안, (이 단계에서는 아직 물기를 머금은 얇은 펄프에 불과한) 종이는 제지 기계에서 얇게 펴지며 돌돌 말린다. 이때 어떤 방향으로 말리느냐에 따라 섬유의 방향, 즉 종이결이 결정된다.

책 만들기의 황금률은 모든 재료의 결이 책등과 평행을 이루어야 한다는 것이다. 황금률은 내지와 면지, 표지의 판지와 북클로스, 등지에 모두 적용된다. 종이결이 '잘못된' 종이를 쓰면 면지에 주름이 생기거나, 판지가 평평하게 건조되지 않거나, 아예 뒤틀리는 결과가 나타날 수 있다. 종이결은 종이가 해당 제책 작업에 적합한지를 결정할 뿐만 아니라 종이를 어떤 방식으로 접어야 하고 어떻게 다뤄야 하는지를 결정한다.

다음 장에서는 종이결을 알아내는 방법을 상세히 설명하겠다.

기법들

책을 만들려는 초보자가 반드시 숙달해야만 하는 필수적인 제책 기술이 몇 가지 있다. 우리는 독자가 이번 장에서 앞선 두 장에서 다뤘던 도구와 재료를 함께 가지고 노는 방법을 익히길 바란다. 일부 기법은 아주 간단하지만, 어떤 기법은 터득하려면 익숙해질 때까지 되풀이하면 익혀야 할 수도 있다.

이 기법들은 우리가 겪은 경험과 제공하는 교육과정에 기반을 둔다. 다른 현역 제책 기술자들을 살펴보면 그들 역시 나름대로 응용한 다양한 방식을 사용함을 알게 될 것이다. 여기에 덧붙여 서로 다른 재료는 흔히 서로 다른 방식으로 다뤄야 한다는 점을 항상 명심해야 한다. 열쇠는 바로 실험이다. 처음 시작할 때는 각 단계를 신중히 진행해야 한다. 도구와 재료에 점점 더 익숙해지면서 각 기법을 더 적합한 방식으로 조정하고 싶은 마음이 들 수도 있기 때문이다.

이번 장은 기법별로 봐도 좋고, **쓰리홀 팸플릿**(68쪽 참조)이나 **장식용 종이 표지를 붙인 콘서티나**(92쪽 참조) 같은 간단한 제책 작업을 먼저 본 다음에 이번 장으로 돌아와 소개된 기법들을 봐도 좋다.

기법들

종이결 확인하기

본격적인 제책 작업을 시작하기 전에 사용할 종이의 결을 먼저 확인해야 한다. 다음 절차에 익숙해진다면 종이결을 확인하는 습관이 몸에 밸 것이다.

작업대 위에 종이를 올려놓고 똑바로 편다. 그런 다음에 종이의 긴 쪽에서 면 끄트머리를 반대 끄트머리 쪽으로 살짝 만다(사진 1). 이때 절대 종이를 접어선 안 된다. 그런 다음에 짧은 쪽에서도 똑같은 작업을 한다(사진 2). 이 작업을 긴 쪽과 짧은 쪽을 번갈아 가며 몇 번 정도 진행하면 좋다. 작업을 반복하다 보면, 한쪽 면이 다른 쪽 면보다 더 잘 휘어진다는 사실을 알게 될 것이다. 짧은 쪽의 양 끝을 맞닿게 한 상태에서 잘 휘어진다면 횡목short-grain, 긴 쪽의 양 끝이 맞닿게 한 상태에서 짧은 쪽의 양 끝을 맞닿은 상태보다 잘 휘어진다면 종목long-grain이라고 보면 된다.

이 방법을 써봐도 종이가 어떤 결을 가졌는지 잘 모르겠다면, 종이 구석을 작은 직사각형 모양으로 오려낸 후 한쪽 면에 물기를 살짝 묻혀본다. 그러면 종이가 둥글게 말릴 것이다. 이때 아래 그림과 오른쪽 사진 3에 표시한 화살표에서 확인할 수 있듯이 물 묻은 종이는 종이결과 평행을 이루며 말린다. 종이결에 관해 더 알고 싶다면 45쪽을 참조한다.

이 책의 모든 작업에는 종이결에 관한 이야기부터 먼저 나옵니다. 종이결을 가리키는 용어인 종목과 횡목을 알고 내용을 읽으면 이해하기가 훨씬 수월합니다. 종이결을 확인해야 하는 이유를 쉽게 설명하자면, 책을 읽으면서 책장을 한 장 넘길 때 부드럽게 넘어가게 하려는 것이라고 생각하면 좋아요. 또한 얇은 종이일 때는 손으로 휘어짐의 강도를 느끼기가 어려우므로, 책에서 제안하는 여러 가지 방법을 통해 종이결을 확인해보길 권합니다.

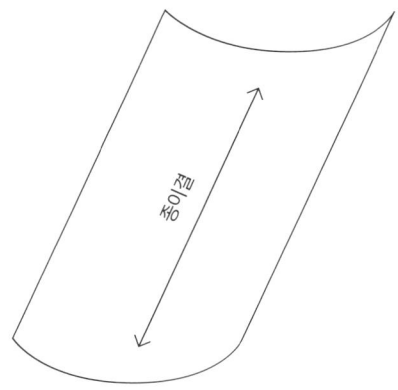

기법들

1.

2.
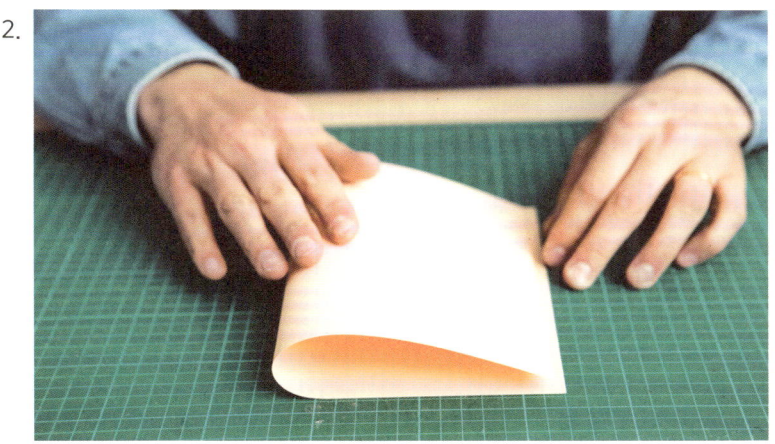

3.
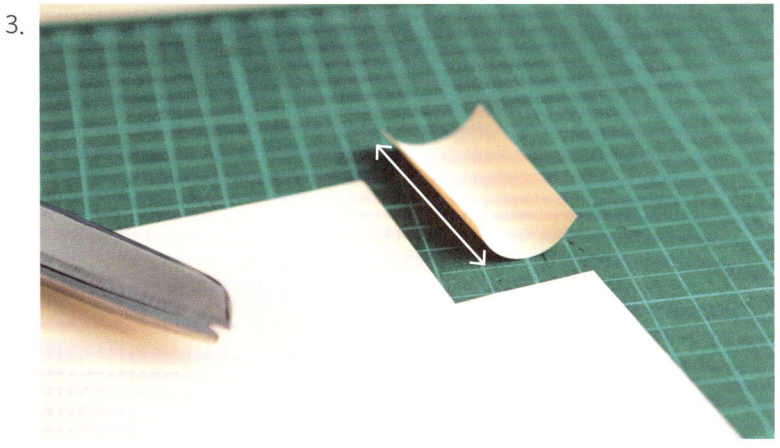

1.　　　　　　　　　　　　　　　　　　　2.

접지

종이를 접는 작업folding은 겉보기에는 아주 간단해 보일지도 모른다. 그러나 종이를 접을 때는 매번 최대한 정확하게 접어야 한다는 사실을 명심해야 한다. 종이를 여러 번 접어야 할 때는 특히 주의한다. 종이가 아주 조금이라도 삐뚤어지게 접히면, 이어지는 접지 과정에서 점점 더 크게 어긋나기 때문이다. 항상 본폴더나 테플론폴더를 사용하고, 처음부터 최대한 주의 깊게 작업해야 한다. 그렇게 해야 나중에 문제가 터질 확률이 줄어든다.

깨끗하고 평평한 표면에 종이를 올려놓는다. 모서리를 정확히 맞춰 종이를 살짝 접는다. 종이를 제자리에 단단히 고정하고, 접선부(종이가 접힌 자리)의 가운데 부분을 부드럽게 누른다(사진 1).

접선부의 가운데에서 바깥쪽으로, 본폴더를 마치 다리미질을 하듯이 밀어 종이를 깔끔히 접는다(사진 2).

기법들

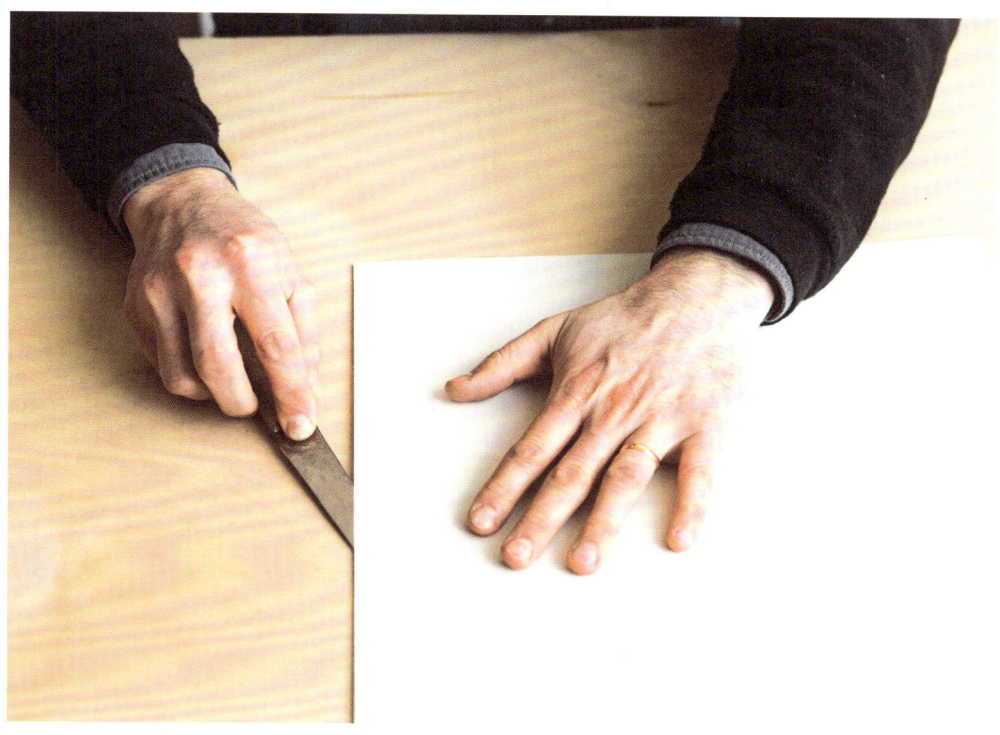

슈나이프 사용하기

슈나이프(페이퍼나이프)는 칼날이 약간 무디면서 납작하고 유연하다. 슈나이프는 메스처럼 종이를 매끄럽게 자를 만큼 날카롭진 않다. 그렇지만 종이의 접선부를 떼어내기엔 충분하다. 슈나이프를 본폴더와 함께 사용하면 대량의 종이를 쉽게 접고 자를 수 있다. 그리고 대수를 접거나 분할해서 본 크기로 만들 때도 유용하다.

- 종이를 매끄럽고 깔끔하게 접는다.
- 슈나이프의 칼날은 작업대에 딱 붙여서 최대한 평평하게 한다.
- 종이의 접선부와 칼날이 대략 30도 각도를 이루게 한다.
- 칼날의 맨 아랫부분을 종이의 접선부에 맞춰놓고 자르기 시작한다.
- 아래에서 위로, 안쪽에서 바깥쪽으로 종이를 자른다.

메스로 자르기

메스로 무언가를 자르기 전에는 칼날이 아주 예리한 상태인지를 먼저 확인해야 한다. 무딘 메스는 작업을 더디게 할 뿐만 아니라 정확도를 낮추고 위험성을 높이기까지 한다. 메스의 칼날을 주기적으로 교체하는 습관을 들이면 좋다. 그리고 회색판지나 그와 유사한 재료를 자르는 작업을 했다면 칼날을 꼭 교체해야 한다.

- 항상 재단판을 사용한다.
- 자르려는 부분의 치수를 재고, 종이의 양쪽 끝에 각각 목표 지점을 표시한다.
- 표시한 부분에 자를 대고 꽉 눌러 흔들리지 않게 한다.
- 메스를 쓸 때는 무거운 철제 자와 함께 사용한다. 자가 절대 움직여선 안 된다.
- 종이 끝을 마주 대어 두 목표 지점이 정확한지 비교한다. 두 목표 지점의 너비가 반드시 똑같아야 한다.

회색판지를 자를 때에는 한 번에 자르려고 하지 말고, 여러 번에 걸쳐서 자른다고 생각하며 작업하는 게 안전합니다. 또한 칼날이 넓은 칼을 사용하면 힘을 덜 들이고 잘라낼 수 있습니다.

메스로 책 다듬기

이 기법은 대수가 하나나 둘인 작은 책에 적합하다. 대수가 여러 대 들어가는 커다란 책은 각 대수를 따로 다듬거나 전기 재단기를 이용하는 편이 낫다.

- 책을 다듬을 때는 항상 책배 부분을 먼저 작업한다.
- 재단판에 책을 올릴 때는 책등이 재단판의 격자에 딱 맞게끔 올린다.
- 책의 책배 위에 다듬으려는 부분이 보이게끔 철제 자를 올려놓는다(이때 자가 재단판의 격자와 수직을 이루어야 한다). 자를 강하게 눌러 흔들리지 않게 한다(이때는 서서 작업하는 편이 낫다).
- 메스에 새 칼날을 장착하고, 책머리에서 책꼬리 방향으로 자를 따라 신중하고 부드럽게 자른다. 힘을 너무 많이 주어선 안 된다. 종이를 한두 장 단위로 여러 번에 나누어 살살 자르는 것이 핵심이다.
- 필요하다면 책머리와 책꼬리 부분에서도 다듬기 작업을 진행한다. 책머리나 책꼬리를 다듬을 때는 항상 책등에서 책배 방향으로 잘라야 함을 유념한다.

대수

책을 만드는 가장 기초적인 단위는 바로 대수section다. 단 한 대의 대수만으로도 다양한 형태의 팸플릿을 만들 수 있으며, 심지어 여러 대수 양장 제책을 할 수도 있다. 대수는 여러 장의 낱장으로 이뤄진 느슨한 결합물인데, 보통 종이 한 장을 접고 자르는 과정을 통해 제작된다. 종이 한 장과 본폴더 하나, 슈나이프 한 자루만 있으면 대수를 만드는 작업을 시작할 수 있다.

종이 여러 장을 써서 대수를 만들 수도 있다. 이때는 각각의 종이를 종이결에 따라 반으로 접은 후 포개어 쌓으면 된다. 작은 종이 여러 장을 사용할 때는 이 방법이 최적일 수 있다. 이때도 같은 원칙을 적용한다. 종이결이 반드시 책등과 평행을 이루게 해야 한다. 일반적으로 대수를 만들 때는 한 장의 종이를 세 번 이상 접어서는 안 된다. 그러면 대수가 너무 두꺼워져 잘 접히지 않을뿐더러 평평한 상태를 유지하기 어렵기 때문이다.

종이를 몇 번이나 접어야 하느냐와 한 대수에 낱장이 몇 장 들어가느냐는 종이의 크기와 결에 따라 다르다.

위: 이 책뭉치를 만드는 데는 대수가 총 여덟 대 들어갔다.

대수 접지

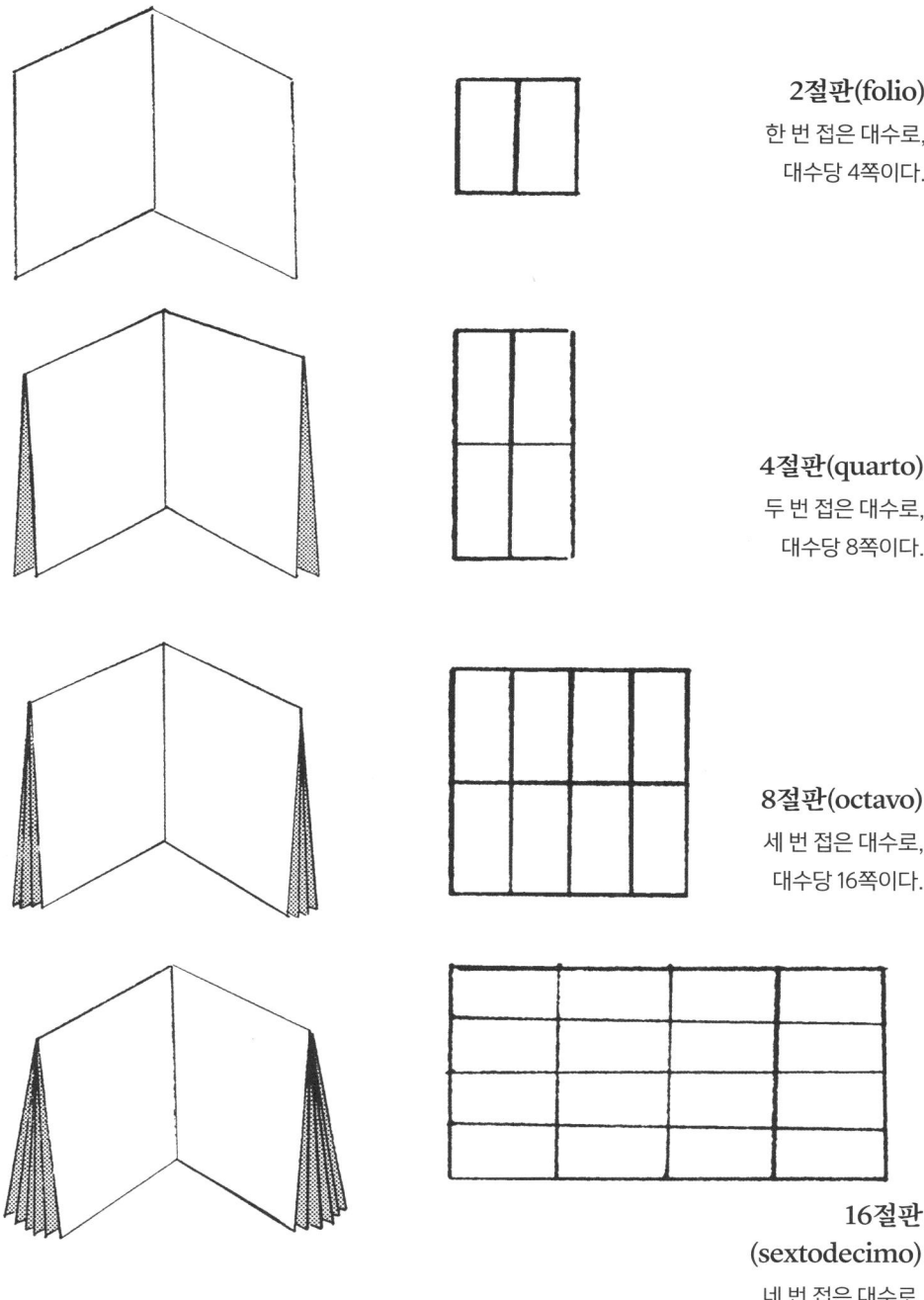

2절판(folio)
한 번 접은 대수로,
대수당 4쪽이다.

4절판(quarto)
두 번 접은 대수로,
대수당 8쪽이다.

8절판(octavo)
세 번 접은 대수로,
대수당 16쪽이다.

**16절판
(sextodecimo)**
네 번 접은 대수로,
대수당 32쪽이다.

기법들

대수 만들기

이 녀석들이 필요할 겁니다

종이
(A2 혹은 더 큰 종이, 두께 80~130g, 종목)

본폴더
슈나이프

1. 내지는 반드시 횡목을 써야 한다(48쪽 종이결 참조). 종이가 짧은 가장자리끼리 만나게 접는다. 본폴더를 이용하여 확실하게 접기 전에 두 가장자리가 완벽한 일직선을 이루었는지를 먼저 확인한다.

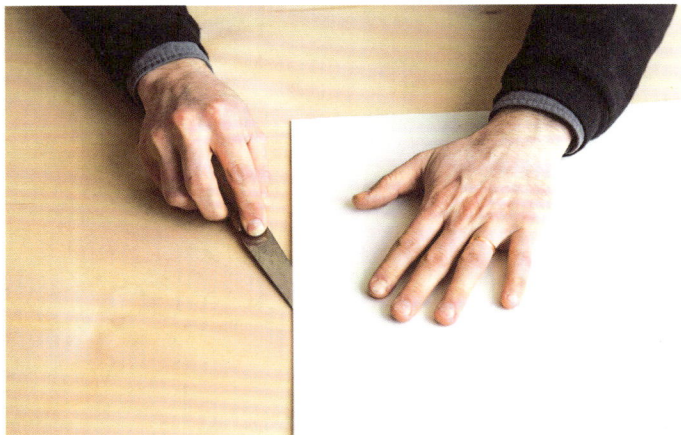

2. 슈나이프로 접선부를 3분의 2만큼 잘라낸다. 이렇게 하면 접은 종이의 모퉁이 부분에 주름이나 잔주름crow's feet이 생기는 일을 방지할 수 있다.

3. 접은 종이를 90도 방향으로 돌린 뒤 신중하게 두 번째 접지 작업을 진행한다.

기법들

4. 이전에 했듯이, 슈나이프로 접선부를 3분의 2만큼 잘라낸다.

5. 접은 종이를 90도 방향으로 돌린 뒤 신중하게 세 번째 접지 작업을 진행한다.

6. 이제 종이는 그만 자르고, 눈앞을 보라. 짜잔, A5 크기 용지 8장(16쪽)으로 이루어진 8절판 대수가 있을 것이다.

기법들

내지 분할하기

이제 이렇게 만든 대수로 제책 작업을 하려고 할 것이다. 그런데 어쩌나? 내지의 책머리와 책배가 여전히 붙어 있으니 말이다. 당황하지 말라. 제책을 마무리하기 전까지는 종이를 그냥 접어만 두는 편이 낫다. 이렇게 해야 이어지는 제책 작업에서 책이 잘 정돈된 상태를 유지할뿐더러 내지가 떨어져 나가는 불상사가 일어나지 않는다.

책을 한 권으로 엮어냈다면, 이제 사진에서 보이듯이 슈나이프를 써서 붙어 있는 내지들을 분할하기 바란다. 이 단계에서 바로 마무리해도 좋고, 다음 단계로 넘어가도 좋다.

앞으로 나올 다양한 책 만들기 방법은 재단된 낱장 종이를 사용하지 않고, 큰 종이를 접지해 분할하는 방식을 따릅니다.

스프링디바이더 사용하기

스프링디바이더는 제책소와는 떼려야 뗄 수 없는 도구다. 스프링디바이더는 반복적으로 정확하게 측정해야 하는 상황이나 측정한 치수를 더 작은 단위로 균등하게 나눠야 할 때 흔히 쓴다. 10cm 남짓한 한 쌍의 스프링디바이더만 있으면 작업을 시작하기에 충분하다.

스프링디바이더 사용법: 집게손가락으로 스프링디바이더의 머리 부분을 잡고, 아래쪽으로 살며시 누르면서, 한 지점에서 다른 지점으로 스프링디바이더가 '걸어가게 한다'. 보폭이 더 넓어야 한다면, 다리를 적절히 벌린 뒤에 다시 걷게 한다. 정확하게 측정이 끝날 때까지 스프링디바이더를 계속해서 걷게 한다. 스프링디바이더를 능숙하게 사용하려면 몇 번 정도는 걷기 연습을 해야 할 수도 있다. 그렇지만 한번 익숙해지면 이후로는 한결 쉽게 사용할 수 있을 것이다.

실에 왁스 먹이기

아마실을 제책용으로 쓰려 한다면, 사용 전에 미리 비즈왁스(밀랍) 조각에 문지르는 편이 좋다. 이렇게 하면 실이 헝클어지지 않으며, 종이에 난 구멍을 더 쉽게 통과할 수 있다.

실에 왁스를 먹이려면, 먼저 실을 정확한 길이로 잘라야 한다. 표준 규격에 맞는 천연 비즈왁스 덩어리에 실을 올려놓고, 실을 왁스 쪽 방향으로 가볍게 당겨 왁스를 코팅한다. 한두 번만 하면 충분하다. 실이 왁스에 찌들어 끈적거리면 곤란하다.

접착제 바르기

PVA 접착제를 바르거나 풀칠할 때는 반드시 적절한 크기의 붓을 사용해야 한다. 넓은 범위에 접착제를 바를 때는 큰 붓이 필요하다. 큰 붓이 없다면 접착제 용기와 책 사이를 훨씬 자주 오가게 될 것이다.

PVA 접착제 용기는 용기보다 큰 폐지 위에 올려놓고 쓰는 편이 좋다. 접착제가 방울방울 떨어질 수 있기 때문이다. PVA 접착제를 바르기 전에 우선 붓에 접착제를 흠뻑 '먹인다'. 이때 붓털 구석구석까지 접착제가 스며들어야만 한다. 제책용 붓에 PVA 접착제를 먹일 때는 (화필을 쥘 때처럼 손가락으로만 잡지 말고) 마치 단검을 쥐듯이 주먹을 꽉 쥐고 붓대를 단단히 붙잡아야 한다. 그러고 나서 접착제가 필두(붓털이 붓대와 만나는 부분)을 완전히 적실 때까지 붓을 접착제 용기에 집어넣는다. 몇 번 정도 붓털을 흠뻑 적신 다음에 흘러넘치는 PVA 접착제를 닦아낸다. 그런 다음에 폐지에 몇 번 붓질하여 붓털에 접착제가 잘 스며들었는지 확인한다. 제책용 붓이 PVA 접착제를 '제대로 먹었다면', 이제 시작할 시간이다.

종이나 북클로스에 '풀칠'할 때는 정중앙에서 시작하여 바깥쪽으로 칠해야 한다. 풀칠할 때는 단검을 쥐듯이 붓을 잡고, 길게 붓질하기보다는 짧게 끊어서 마치 점을 찍듯이 풀칠한다(점묘법). PVA 접착제는 수성이므로 접착제를 바른 재료가 휘지 않게끔 적절히 관리해야 한다. 종이나 장정용 천은 습기를 머금으면 종이결 방향으로 휜다. 그러므로 PVA 접착제는 신속하게 발라야 한다. 더운 날씨에는 판지를 붙이기도 전에 접착제가 말라버릴 수 있으므로 속도가 더욱 중요하다.

회색판지에 장정용 종이나 북클로스를 붙일 때는 항상 얇은 재료를 먼저 붙여야 한다. 이렇게 해야 재료가 팽창할 시간을 줄 수 있을뿐더러 마르는 과정에서 판지가 덜 휜다.

압축과 건조

종이나 천으로 판지를 싼 다음에는 조심스럽게 문질러 중간에 기포가 남거나 가장자리가 벌어지는 일이 생기지 않게 한다. 이때 종이나 천 위에 깨끗한 폐지를 덧댄 다음에 문질러야 한다. 그래야 본폴더의 기름이 묻어 번들거리는 일을 방지할 수 있다. 판지의 양면을 모두 문지른 다음에는 누름판 두 개 사이에 끼워서 말린다(혹은 니핑프레스를 이용해도 좋다). 누름판 위에 무게 추를 올려놓은 채로 최소한 20분은 말려야 한다. 가능하다면 두세 시간 정도 말리는 편이 이상적이다. 그렇게 하지 않으면 PVA 접착제의 습기 때문에 판지가 휘어버릴 수 있다.

풀칠한 후 압축하는 작업은 결과물의 완성도를 높이는 가장 중요한 작업이에요!

몰아엮음

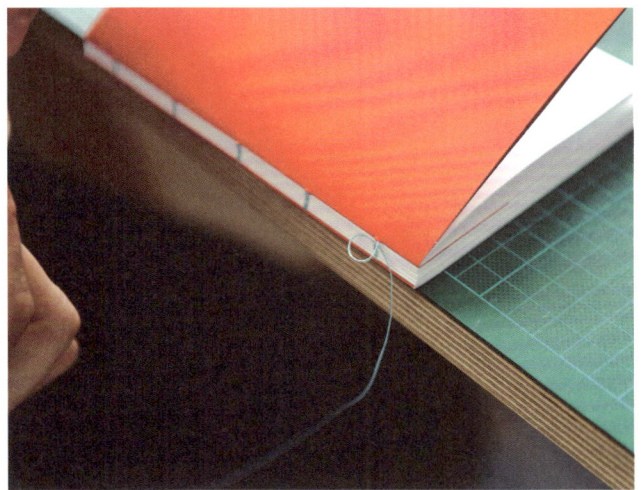

몰아엮음kettle stitch은 책뭉치의 책머리나 책꼬리에서 가장 가까운 곳에 있는 두 바느질 구멍을 꿰매 인접한 두 대수를 단단히 묶는 기법이다. 몰아엮음은 대수가 세 대 이상인 책뭉치에서, 세 번째 대수를 추가할 때부터 쓴다.

책머리나 책꼬리와 가장 가까운 바느질 구멍에서 실이 딸린 바늘이 나오면, 그 바로 아래 두 바느질 구멍 사이에 있는 첫 번째 대수와 두 번째 대수의 틈으로 바늘을 집어넣는다. 책머리 쪽에서든 책꼬리 쪽에서든, 바늘을 당기면 책등에 고리가 생길 것이다. 이제 바늘을 다시 위로 올려 방금 만든 고리 사이로 지나가게 한 다음에, 딱 매듭이 생길 만큼만 잡아당긴다.

몰아엮음 방식으로 매듭을 지었다면, 바느질 작업을 재개해도 좋다. 만약 책의 마지막 대수에 몰아엮음을 하려 한다면, 몰아엮음 방식으로 같은 곳에 매듭을 다시 지어준 다음 삐져나온 실을 정리하여 마무리하도록 한다.

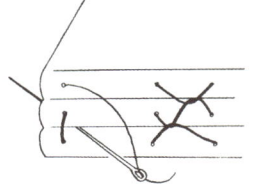 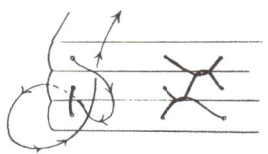

12가지 책 만들기

이어지는 장에서는 여섯 가지 독특한 형태의 제책 방법을 단계별로 살펴볼 것이다. 우리는 여섯 가지 작업을 복잡한 정도에 따라 체계화했으며, 이를 다시 열두 가지로 세분화했다. 첫 번째 작업인 **팸플릿**에서 **쓰리홀 팸플릿**은 가장 단순한 제책 형태며, 마지막 작업인 **여러 대수 양장 제책**에서 **둥근등 양장 제책**은 가장 복잡한 제책 형태다. 여섯 가지 작업을 어떤 순서로 볼지는 순전히 독자 여러분의 마음이다. 그렇지만 **여러 대수 양장 제책**을 시도하기 전에는 우선 **홑대수 양장 제책**이나 **노출 제책** 가운데 하나를 먼저 시도해보길 권한다.

이 여섯 가지 과정이 절대 모든 제책 형태나 제책 구조를 대변하지 않는다. 그보다는 우리 공방에서 정기적으로 개최하는 워크숍에서 교육하는 제책 방법에 기반을 둔 과정들이다. 우리는 이어지는 내용들이 제책에 관심이 있는 모든 사람에게 탄탄한 기초를 다지게 해주리라고 생각한다.

다양한 제책 방법과 제책 구조에 익숙해진 다음에는 거기서 한 걸음 더 나아가 새로운 발상을 시도해보길 권한다. 어떻게 하면 다양한 쓰임새가 있는 각양각색의 책에 새로운 쓰임새를 더할 수 있는가? 어떻게 하면 구조가 천차만별인 책의 내용물을 보완하거나 개량할 수 있는가? 이러한 질문은 책에 관한 새로운 이해로 이어질 수 있다. 이런 고민을 하지 않고서는 절대 생각지 못할, 완전히 새로운 인식으로 말이다.

팸플릿(1~3번째 책)

쓰리홀 팸플릿	68
변형: 파이브홀 팸플릿	75
더블 팸플릿	76
쌍방향 팸플릿(백투백 팸플릿)	84

콘서티나(4번째 책)

장식용 종이 표지를 붙인 콘서티나	92

동양식 침 제책(5~6번째 책)

4침 제책(일본식 제책)	108
하드커버 4침 제책	116

얇은 양장 제책(7~8번째 책)

홑대수 양장 제책	132
겹대수 양장 제책	148

노출 제책(9~10번째 책)

사슬짜기 제책	152
프랑스식 사슬짜기 제책	160

여러 대수 양장 제책(11~12번째 책)

모난등 양장 제책	174
둥근등 양장 제책	186

팸플릿

때로 '소책자'라고도 불리는 팸플릿pamphlet은 장정한 모든 책 가운데서 형태가 가장 단순하다. 가장 기초적인 팸플릿은 대수(54쪽 참조) 한 대와 표지만으로 이루어진다. 이와 비슷한 구조의 책을 사무실이나 학교, 우편함에서 봤을 것이다. 비록 제책했다기보다는 종이찍개(스테이플러)로 찍은 것에 가까웠겠지만 말이다. 팸플릿 제책은 정보나 소식을 빠르고, 저렴하며, 효율적으로 전달하는 방법이다. 잡지사나 소규모 출판사는 물론 정치조직까지도 팸플릿 제책을 애용해왔다.

팸플릿은 대개 사람들이 처음 접하는 제책 방식이다. 재료를 적절히 고르고, 아마실을 써서 손수 제책한다면, 팸플릿 제책은 공책이나 수첩·다이어리·아티스트북을 만드는 우아한 방법이 될 수 있다.

팸플릿은 만들기 쉽고, 엄청나게 다양한 방식으로 변화를 줄 수 있는 제책 방식이다. 이번 장에서는 쓰리홀 팸플릿Three-hole pamphlet, 파이브홀 팸플릿Five-hole pamphlet, 더블 팸플릿Double pamphlet, 쌍방향 팸플릿Dos-à-dos pamphlet, Back-to-back pamphlet 등 총 네 가지 형태로 팸플릿을 만드는 방법을 살펴볼 것이다. 각 단계에 어느 정도 익숙해지고 나면, 팸플릿 제책은 여러분에게 제책 재료로 갖고 놀 멋진 기회를 제공할 것이다. 각양각색의 재료를 온갖 크기의 팸플릿을 만들면서, 한번 제대로 놀아보라!

쓰리홀 팸플릿

1번째 책: 크기 A6, 32쪽

재료

(용지 크기는 44쪽 참조)

내지: 두께 80~130g, 크기 A2 2장(횡목)

표지: 두께 100~175g, 크기 A4 한 장(횡목)
(반드시 내지보다 두꺼워야 하며, 색상이 다채롭거나 멋진 장식이 그려진 종이면 더 좋다.)

폐지(막 써도 되는 종이)

아마실: 두께 18/3 혹은 25/3, 길이 약 60cm

도구

본폴더
가위
심이 가는 연필이나 샤프
철제 자
송곳
바늘
칼
재단판

책 만드는 방법

1. A2 종이 2장을 각각 8절판으로 접는다. 그렇게 접으면 한 대당 16쪽이 나온다(55쪽 참조). 그중 한 대수를 살짝 펼쳐서, 가운데 접선부에 맞춰 나머지 대수를 포개 넣는다. 이렇게 하면 총 32쪽짜리 한 대수가 생긴다.

2. 표지 용지를 짧은 가장자리끼리 맞물리게 반으로 접는다. 이때 본폴더를 이용하여 확실하게 접기 전에 두 가장자리가 완벽한 일직선을 이루는지 먼저 확인해야 한다.

3. 바느질 구멍을 뚫는 데 쓸 모형을 만든다. 폐지 한 장을 대수 길이에 맞춰, 60mm 너비로 자르면 된다.

4. 그림과 같이 폐지에 표시를 3개 남긴다. 하나는 종이 정중앙(종이의 긴 면을 반으로 접어서 확인하면 된다)에 표시하고, 남은 둘은 책머리와 책꼬리 쪽에서 30mm쯤 떨어진 곳에 각각 표시하면 된다. 이 세 지점에 바느질 구멍을 낼 것이다.

5. 그럼처럼 대수를 표지 안에 집어넣는다.

6. 책등이 작업대 끄트머리와 일직선을 이루게끔 책을 작업대 위에 올려놓는다. 책이 접힌 부분을 열고, 앞서 만든 모형을 접선부에 맞댄다. 송곳을 이용해 모형에 표시한 지점에 바느질 구멍을 뚫는다.

7. 바늘에 아마실을 60mm 정도 (혹은 팸플릿 길이의 2.5~3배 정도) 끼운다. 그러고 나서, 오른쪽 그림에 보이는 대로 대수를 꿰매는 작업을 시작한다. 가운데 바느질 구멍(B)부터 꿰매면 된다.

쓰리홀 팸플릿 바느질하기

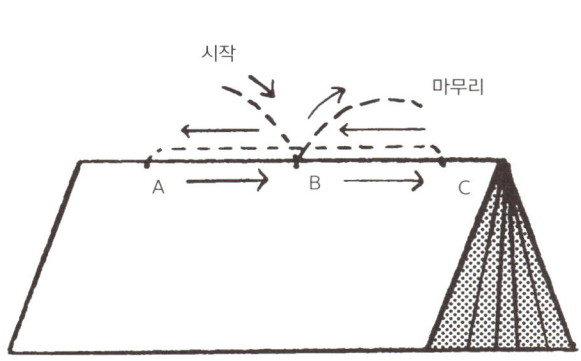

팸플릿 바깥쪽에서 본 모습

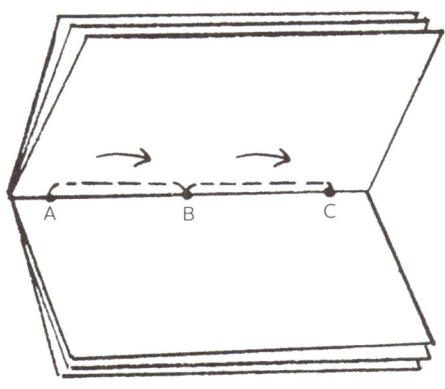

팸플릿 안쪽에서 본 모습

1. 팸플릿 바깥쪽에서 안쪽으로, B번 바느질 구멍에 바늘을 찔러 넣는다. 이때 실을 끝까지 뽑지 말고, 끝부분을 약 3cm 정도 남겨둔다.

2. C번 바느질 구멍을 통해 바늘을 뽑아낸다.

3. 이번에는 A번 바느질 구멍으로 바늘을 찔러 넣는다. 그러고 나서 B번 바느질 구멍으로 바늘을 뽑아낸다.

4. 실의 양쪽 끝을 옭매듭reef knot, square knot 형태로 묶고, 나서도 남아 있는 실의 끝부분을 다듬는다. 매듭을 묶을 때 A에서 C번 바느질 구멍으로 이어지는 실의 양쪽 끝을 따라 각각 다른 방향을 향하게 한다. 그래야 매듭을 단단히 고정할 수 있다.

만약 팸플릿 바깥쪽에서 안쪽으로 대수를 꿰맸다면, 매듭은 팸플릿 바깥쪽에 생길 것이다. 반대로 안쪽에서 바깥쪽으로 꿰맸다면, 매듭이 팸플릿 안쪽에 생길 것이다.

제책이 끝나면, 팸플릿을 덮고 폐지 한 장을 책등 위에 올려놓은 후 본폴더로 책등을 문질러준다. 원한다면, 책배 부분을 잘라내도 좋다 (53쪽 참조).

옭매듭

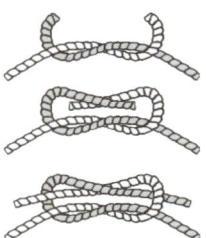

팸플릿을 더 아름답게 꾸미고자, 혹은 더 튼튼하게 하려고, 우리는 쓰리홀 팸플릿 대신에 파이브홀, 세븐홀, 나인홀 팸플릿을 만들 수 있다. 홀수이기만 하다면 원하는 만큼, 심지어 바느질 구멍을이보다 더 많이 뚫을 수 있다. 아래 그림에 나오듯이, 바느질은 팸플릿 안쪽에서 시작해야 한다. 이는 매듭이 팸플릿 안쪽에 생긴다는 의미다.

파이브홀 팸플릿 바느질하기

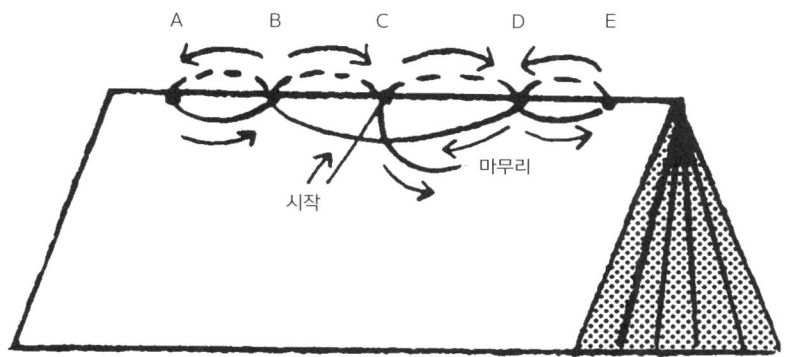

1. 팸플릿 안쪽에서 바깥쪽으로, C번 바느질 구멍에 바늘을 찔러 넣는다. 실을 끝까지 뽑지 말고 실 꼬리를 약 3cm 정도 남겨 나중에 매듭을 묶을 수 있게 한다.

2. D번 바느질 구멍에서 바늘을 다시 팸플릿 안쪽으로 집어넣는다.

3. E번 바느질 구멍에서 바늘을 팸플릿 바깥쪽으로 뽑아낸다. 그리고 나서 D번 바느질 구멍에서 바늘을 다시 안쪽으로 밀어 넣는다.

4. (C번 바느질 구멍은 건너뛰고) B번 바느질 구멍에서 바늘을 바깥쪽으로 뽑아낸다. 그리고 나서 A번 바느질 구멍으로 바늘을 밀어 넣는다.

5. 다시금 B번 바느질 구멍으로 바늘을 뽑아낸다. 이제 마지막으로 C번 바느질 구멍에서 바늘을 밀어 넣는다.

6. 실의 양쪽 끝을 옭매듭 형태로 묶고, 그리고 나서도 남아 있는 실의 끝부분을 잘라낸다.

더블 팸플릿

2번째 책: 크기 A6, 64쪽

재료

(용지 크기는 44쪽 참조)

내지: 두께 80~130g, 크기 A4 8장(종목)
(손쉽게 구할 수 있는 아무 인쇄용지를 써도 좋으며,
두 가지 색의 종이를 각각 네 장씩 준비한다.)

표지(책가위): 두께 100~175g, 크기 약 148×420mm 한 장
(반드시 내지보다 두꺼워야 하며, 색상이 다채롭거나
멋진 장식이 그려진 종이면 더 좋다.)

폐지(막 써도 되는 종이)

아마실: 두께 18/3 혹은 25/3, 길이 약 45cm

도구

본폴더
가위
심이 가는 연필이나 샤프
철제 자
송곳
바늘
칼
재단판
스프링디바이더

책 만드는 방법

팸플릿

1. A4 종이 8장을 4장씩 나눠, 서로 다른 색상의 종이를 준비한다. 색상별로 각각 1번 대수와 2번 대수를 만들 것이다(56쪽 참조).

A4 종이를 두 번 접어 4절판을 만들면 A6 종이 크기의 내지 8쪽이 나온다(55쪽 참조). 4절판 대수 네 대를 하나로 합치면 32쪽짜리 한 대수가 나온다. 이 작업을 한 번 더 반복해 두 대수(총 64쪽)를 만든다(1번 대수와 2번 대수).

2. 바느질 구멍을 뚫는 데 쓸 모형을 만든다. 폐지 한 장을 대수의 길이와 너비에 맞춰 잘라낸다. 그러고 나서 폐지에 표시를 세 개 남긴다. 하나는 종이 정중앙(종이의 긴 면을 반으로 접어 확인하면 된다)에 표시하고, 남은 둘은 책머리와 책꼬리 쪽에서 약 15mm 떨어진 곳에 각각 표시하면 된다(71쪽 참조).

3. 책등이 작업대 끄트머리와 일직선을 이루게끔 1번 대수를 작업대 위에 올려놓는다. 책 뭉치에서 접힌 부분을 열고, 앞서 만든 모형을 접선부에 맞댄다. 송곳을 이용해 모형에 표시한 지점에 바느질 구멍을 뚫는다. 2번 대수에도 같은 작업을 한다(72쪽 참조).

4. 작업대 위에 두 대수를 책꼬리가 바닥과 맞닿게끔 세운다. 그런 다음, 그림처럼 책등을 맞대어 위에서 봤을 때 'X 자' 형태가 되게 한다.

더블 팸플릿 바느질하기

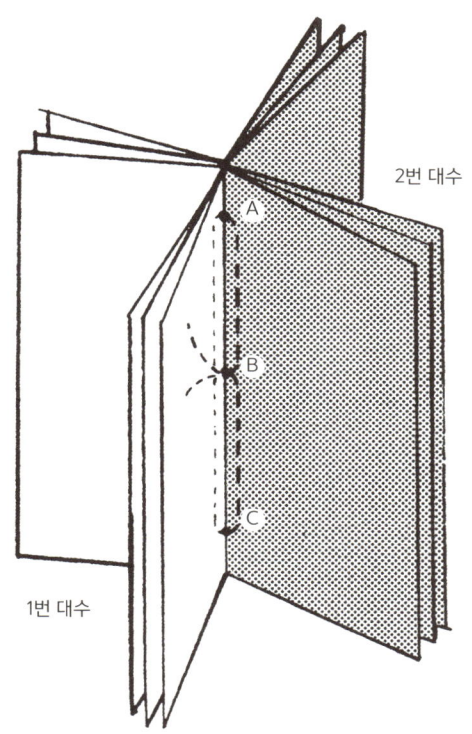

1. 바늘과 약 45cm의 실로 두 대수를 그림과 같이 하나로 꿰맨다.

2. 1번 대수 안쪽에서 B번 바느질 구멍으로 바늘을 집어넣는다. 그러고 나서 2번 대수에 난 B번 바느질 구멍으로 바늘을 뽑아내되, 실 꼬리를 약 30mm 정도 남겨둔다. **쓰리홀 팸플릿**(73쪽 참조)을 꿰맸을 때와 똑같은 방식으로 대수를 꿰매면 된다. 단, 두 대수를 오가며 각 바느질 구멍을 꿰매야 한다는 사실을 유념한다. 최종적으로는 1번 대수 안쪽에서 실의 양끝이 만나야 한다.

3. 실의 양쪽 끝을 옭매듭 형태로 묶고, 그러고 나서도 남아 있는 실의 끝부분을 잘라낸다. 매듭을 묶을 때 실의 양쪽 끝이 A에서 C번 바느질 구멍으로 이어지는 실의 양쪽 끝을 따라 각각 다른 방향을 향하게 한다. 그래야 매듭이 단단히 묶인다.

4. 대수를 다 엮었다면, 대수가 서로 포개지게끔 덮는다. 그리고 나서 책등 위에 폐지 한 장을 올려놓은 다음에 본폴더로 책등을 문질러 준다. 원한다면, 53쪽에서 묘사한 대로 대수를 다듬는 작업을 한다.

표지(책가위)

1. 표지로 쓸 종이를 길이는 대수와 같은 길이로, 너비는 대수의 대략 네 배로 자른다.

2. 짧은 가장자리끼리 만나게 종이를 반으로 접는다.

3. 디바이더로 대수의 책등 두께를 측정한다(59쪽 참조). 그러고 나서 디바이더를 표지로 쓸 종이 위로 옮긴다. 그리고 2단계에서 접은 부분의 책머리와 책꼬리에 각각 측정한 두께를 표시한다.

4. 3단계에서 남긴 두 표시 위에 철제 자를 올려놓고, 스프링디바이더로 표지 책머리에서 책꼬리까지 선을 그어 자국을 남긴다.

5. 표지 위에 생긴 두 자국 위에 철제 자를 대고 각각 접는다. 그러면 표지의 책등이 만들어진다.

6. 접지 작업을 마친 표지 안에 내지용 책뭉치를 넣고, 내지의 책등을 표지의 책등과 맞댄다. 이때 두 책등이 서로 꽉 맞물려야 한다.

7. 내지를 단단히 붙든 채로 표지를 펼친다. 그러고 나서 표지 위에 내지의 책배가 놓인 부분을 확인한다. 이제 본폴더를 써서 책배가 놓인 부분을 표지의 책머리와 책꼬리에 각각 표시하면 된다.

8. 내지를 옆으로 잠시 치우고, 철제 자와 본폴더를 이용하여 앞서 표시한 두 지점 사이에 선을 그어 자국을 남긴다.

9. 자국 위에 자를 대고 종이를 접는다. 그러고 나서 표지 맨 바깥쪽 가장자리 부분을 약 5mm만큼 자르고 다듬는다. 안쪽으로 접었을 때, 가장자리가 책등에서 5mm 정도 떨어져야 한다.

10. 책을 뒤집고 7~9단계를 반복하여 마무리한다.

쌍방향 팸플릿
(백투백 팸플릿)

3번째 책: 크기 A6, 64쪽

재료

(용지 크기는 44쪽 참조)

내지: 두께 80~130g, 크기 A4 8장(종목)
(손쉽게 구할 수 있는 아무 인쇄용지를 써도 좋다.)

표지: 두께 150~300g, 크기 약 148×315mm 한 장(횡목)
(반드시 내지보다 두꺼워야 하며, 색상이 다채롭거나 멋진 장식이 그려진 종이면 더 좋다.)

폐지(막 써도 되는 종이)

아마실: 두께 18/3 혹은 25/3, 길이 약 30cm

도구

본폴더
가위
칼
재단판
철제 자
심이 가는 연필이나 샤프
바늘

팸플릿

책 만드는 방법

1. A4 종이 8장으로 두 대수를 준비한다(56쪽 참조).

A4 종이를 두 번 접어 4절판을 만들면, A6 종이 크기의 내지 8쪽이 나온다(55쪽 참조). 이렇게 만든 4절판 대수 네 대를 하나로 합치면 32쪽짜리 한 대수가 나온다. 이 작업을 한 번 더 반복해 32쪽짜리 대수 두 대(총 64쪽)를 만든다(1번 대수와 2번 대수).

2. 표지로 쓸 용지를 길이는 대수와 똑같이, 너비는 대수의 세 배로 자른다. 대략 148×315mm 크기가 되어야 한다.

3. 재단판 위에 표지 용지 가로로 길게, 재단판 격자와 딱 맞춰 올려놓는다. 1번 대수를 표지 위에 올려놓는다. 이때 1번 대수의 책배가 표지의 짧은 가장자리에서 약 5mm 정도 떨어져야 하며, 표지와 완벽하게 나란히 놓여야 한다. 그러고 나서 철제 자를 1번 대수의 책등에 맞닿게 표지 위에 올려놓는다.

4. 자를 움직이지 않은 채로 대수를 치운다. 본 폴더를 사용하여 (본래 대수의 책등이 있던 부분에 놓인) 자를 따라서 표지에 자국을 남긴다. 그러고 나서 자국에 맞춰 종이를 접는다 (1번 접선부).

5. 대수의 책등이 1번 접선부와 딱 맞게끔, 대수를 다시 표지 위에 올려놓는다.

6. 그림처럼 대수의 책배에 맞닿게 철제 자를 표지 위에 올려놓는다.

7. 자를 움직이지 않은 채로 대수를 치운다. 본 폴더를 사용하여 (본래 대수의 책배가 있던 부분에 놓인) 자를 따라서 표지에 자국을 남긴다. 그러고 나서 자국에 맞춰 종이를 접는다 (2번 접선부).

8. 이 시점에서 여러분의 표지는 'Z 자' 모양을 하고 있을 것이다.

9. 71쪽에 나온 절차에 따라 바느질 구멍을 뚫는 데 쓸 모형을 준비한다. 이때 표시를 세 개 남겨야 한다. 하나는 종이 정중앙(종이의 긴 면을 반으로 접어 확인하면 된다)에 표시하고, 남은 둘은 책머리와 책꼬리 쪽에서 15mm 떨어진 곳에 각각 표시하면 된다.

10. 1번 대수를 1번 접선부 안쪽에 놓고, 대수와 표지를 꿰맨다. 73쪽의 그림에서 설명한 **쓰리홀 팸플릿**을 꿰매는 방식을 그대로 따라 하면 된다.

11. 만약 팸플릿 바깥쪽에서 안쪽으로 대수를 꿰맸다면, 팸플릿 바깥쪽에 매듭이 생긴다. 반대로 안쪽에서 바깥쪽으로 꿰맸다면, 팸플릿 안쪽에 매듭이 생긴다.

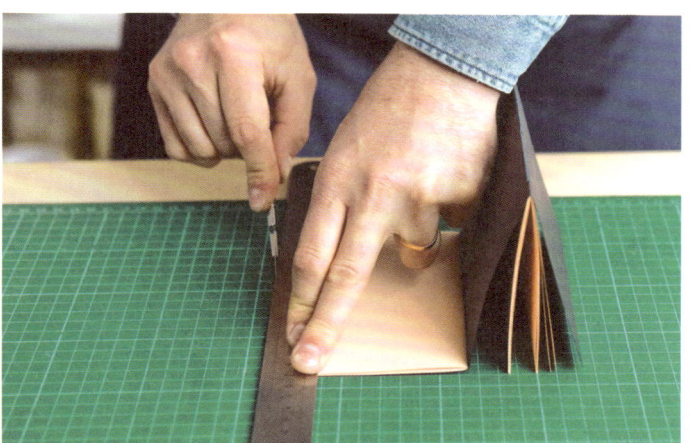

12. 2번 대수를 2번 접선부 안쪽에 놓고, 위와 마찬가지로 대수와 표지를 꿰맨다.

13. 바느질 작업을 마무리하면, 대수에 책등과 책배가 각각 두 개씩 생기게 된다. 이제 표지의 끝부분을 잘라내 책등과 책배가 평행을 이루게 한다.

콘서티나

아코디언 책accordion book이나 레포렐로 책leporello book이라고도 알려진 콘서티나concertina는 구조가 가장 단순한 축에 드는 책으로, 제작에 바늘이나 실이 필요하지 않다. 한 장의 기다란 종잇조각을 반복해서 접음으로써, 마치 조각품처럼 보이는 우아한 책을 만들 수 있다.

콘서티나의 내지를 접는 작업은 상식이 있는 사람이라면 누구나 할 수 있는 일처럼 보이겠지만, 종이를 접을 때는 매번 반드시 집중해야만 하며, 접는 순서에 특히 주의를 기울여야 한다. 다만 한 번이라도 그리고 아주 조금이라도 종이를 삐딱하게 접으면, 결국 책 전체가 삐뚤어진다.

콘서티나의 특성은 장정할 필요가 없고, 단일 구조로 되어 있다는 점이다. 이런 특성을 이용하면 흥미롭고, 예상치 못한 결과물을 만들어낼 수 있다. 콘서티나는 빅토리아 시대에 인기 있는 기념품이었다. 당시에는 누군가가 직접 그리거나 인쇄한 지역 경관을 담은 그림이 콘서티나 전체에 걸쳐 파노라마 형식으로 붙어 있었다. 콘서티나는 (특히 무거운 종이로 만들었을 때) 펼친 상태에서 책꼬리로 세울 수 있다. 콘서티나는 책과 책에 담긴 내용을 아주 독특한 방식으로 드러낸다.

장식용 종이 표지를 붙인 콘서티나

4번째 책: 크기 100x150mm, 14쪽

재료

(용지 크기는 44쪽 참조)

내지: 두께 150~250g, 크기 약 150×700mm 한 장
(횡목, 일반 용지 또는 색지)

표지: 두께 100~170g, 크기 약 150×200mm 2장(종목)
(색상이 다채롭거나 멋진 장식이 그려진 종이면 더 좋다.)

회색판지: 두께 2mm 크기 154×92mm 2장(종목)

폐지(막 써도 되는 종이)

압지(대수를 누를 때 위아래로 받치는 종이, 폐지보다 깨끗한 종이면 좋다.)

PVA 접착제

도구

본폴더
무게 추와 누름판
심이 가는 연필이나 샤프
풀칠용 붓(아교 솔)
삼각자
가위
칼
재단판

책 만드는 방법

콘서티나

1. 내지의 긴 면을 절반으로 접는다. 이때 본폴더를 이용하여 확실하게 접기 전에 두 가장자리가 완벽한 일직선을 이루었는지 먼저 확인해야 한다(1번 접선부). 이 단계에서는 정확성이 아주 중요하다. 종이를 아주 조금이라도 삐딱하게 접으면, 이어지는 작업에서 점점 더 크게 삐뚤어지기 때문이다.

2. 종이를 돌려 1번 접선부가 당신의 왼편에 오게 한다. 이제부터 다음 쪽에 실린 그림을 따라가면서 계속해서 콘서티나를 접어야 한다. 겹쳐진 종이에서 위쪽에 있는 종이 겹을 반으로 접는다(2번 접선부). 이렇게 하면 첫 번째 '산 모양 접지mountain fold'가 만들어진다. 이 단계에서 2번 접선부에는 산 모양 접지가, 1번 접선부에는 '계곡 모양 접지valley fold'가 되어 있을 것이다.

3. 2번 접선부를 반대로 접어 계곡 모양으로 만든다.

4. 맨 위쪽에 있는 종이 한 겹을 반으로 접어 3번 접선부를 만든다. 이제부터는 지그재그 형태로 작업을 진행해야 한다.

5. 2번 접선부를 1번 접선부 쪽으로 접어 4번 접선부를 만든다.

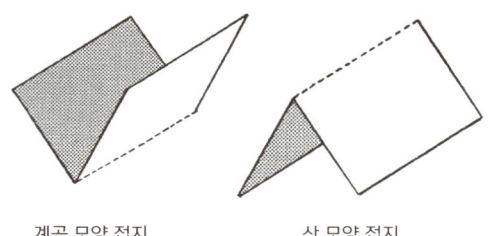

계곡 모양 접지   산 모양 접지

콘서티나 접기

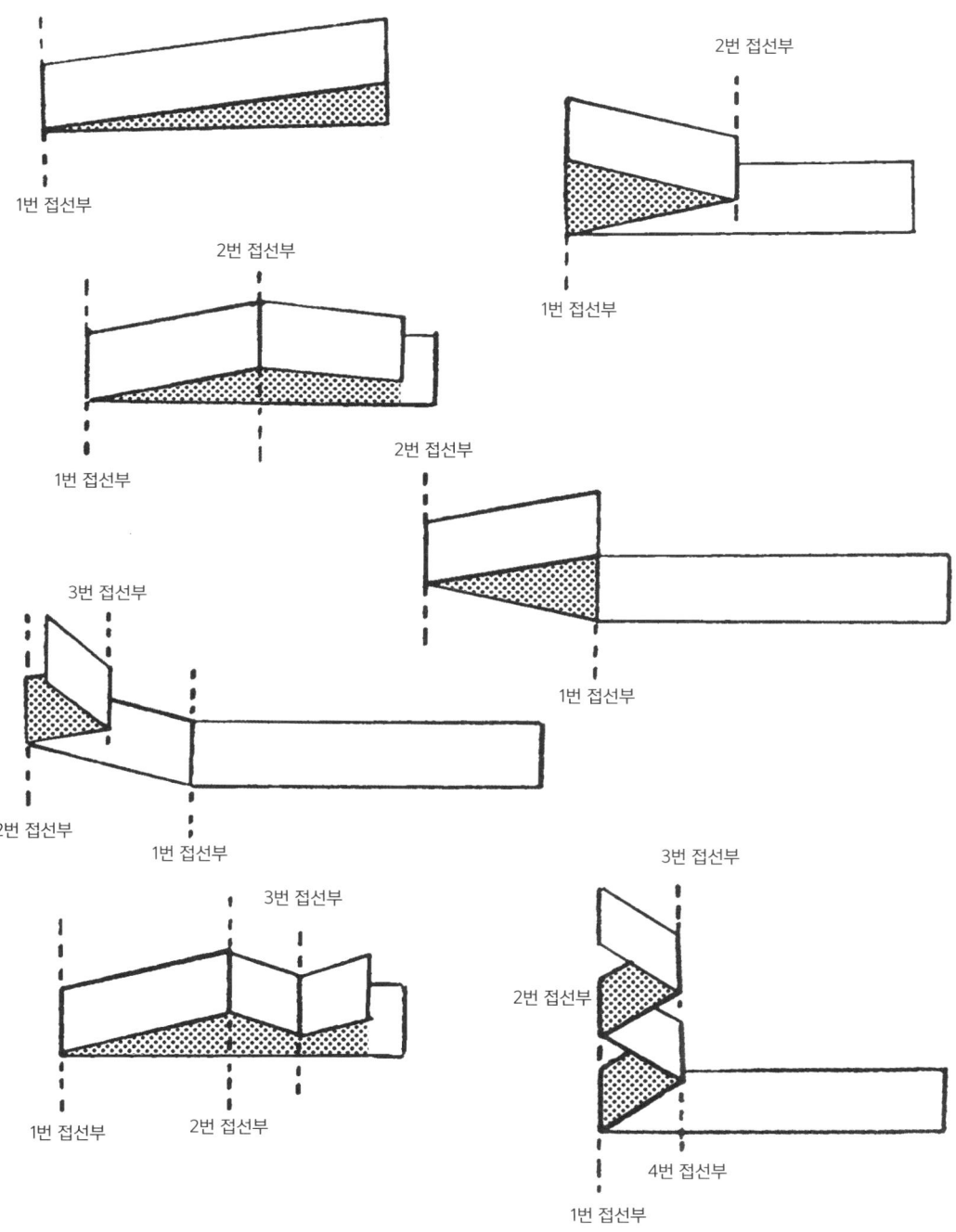

6. 맨 위쪽 종이 한 겹 전체를 살며시 문질러 종이를 살짝 접는다. 그러고 나서 접은 자리를 다시 하나하나 직접 문질러 준다.

7. 종이를 뒤집고 1번 접선부가 당신의 왼편에 오게 한다. 남은 절반의 종이에 2~6단계를 반복한다.

8. 이제 콘서티나를 완성했다. 표지를 준비하는 동안 콘서티나를 누름판 사이에 끼우고, 그 위에 무게 추를 올려둔다.

표지

1. 표지로 쓸 종이 가운데 한 장을 커다란 폐지 위에 올려놓는다(장식이 있는 용지를 사용한다면, 인쇄된 면이 아래를 향해야 한다). 회색 판지 한 장을 표지 용지의 위쪽 가운데에 놓는다. 샤프로 표지 위에 회색판지의 윤곽선을 살짝 그린 다음에 판지를 치운다. 두 번째 판지와 표지로도 같은 작업을 반복한다.

2. 풀칠용 붓으로 표지에 점점이 PVA 접착제를 바른다(점묘법). 회색판지의 윤곽선을 적당히 고려하여 바르면 된다.

3. 재빨리 회색판지를 표지 위에 올려놓는다. 종이를 계속해서 누른 채로 본폴더로 판지를 강하게 문질러준다.

콘서티나

4. 그림처럼, 철제 삼각자를 회색판지의 가장자리에 갖다 댄다. 샤프로 삼각자를 따라 45도 각도로 선을 긋는다. 이때 회색판지의 모서리에서 약 3mm 정도 여유를 두고 그려야 한다(아래쪽 그림 참조). 두 표지의 모서리 전부에 같은 작업을 한다.

5. 가위나 메스를 이용하여 각 모서리를 샤프로 그은 선을 따라 자르고 다듬는다.

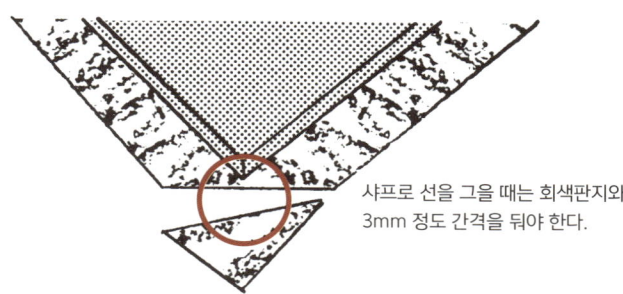

샤프로 선을 그을 때는 회색판지와 3mm 정도 간격을 둬야 한다.

회색판지 두께의 약 1.5배만큼을 간격으로 둬야 한다.

6. 작업대에 깨끗한 폐지를 올려놓은 다음에 붓으로
1번 구역에 PVA 접착제를 바른다.

7. 표지를 작업대 끄트머리에 대고 본폴더를 이용하여 1번 구역을 접어 회색판지를 감싼다. 그러고 나서 표지 위에 깨끗한 폐지를 덧대어 문질러준다. 그래야 표지에 본폴더의 기름이 묻어서 번들거리는 일이 생기지 않는다.

8. 2번 구역에도 같은 작업을 한다. 작업을 반복하기 전에 폐지가 깨끗한지 먼저 확인한다.

9. 1번 구역과 2번 구역으로 판지를 포장하는 일을 마쳤다면, 본폴더 끝부분을 이용하여 표지가 포개어지는 부분을 그림과 같이 눌러준다.

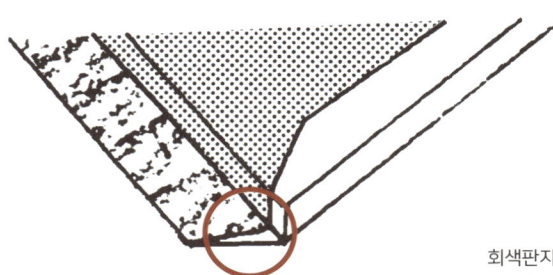

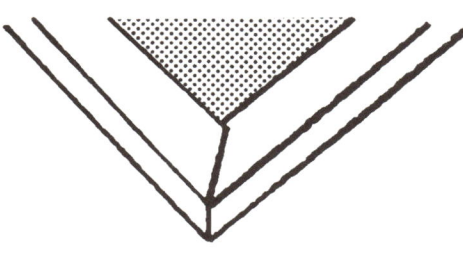

회색판지 주변의
표지를 눌러준다.

10. 3번 구역에 PVA 접착제를 바른다. 이때 1번과 2번 구역에 접착제가 묻지 않도록 조심해야 한다. 표지로 회색판지를 감싼다. 4번 구역에도 같은 작업을 한다. 표지는 100쪽에 나온 그림처럼 판지 모퉁이에서 맞물려야 한다.

11. 네 구역을 모두 접착했다면, 본폴더를 이용하여 모서리를 포함한 전체 부분을 다시 한번 문질러준다. 이는 PVA 접착제를 균일하게 바르려는 것이다.

12. 포장한 판지를 누름판과 무게 추 사이에 적어도 20분간 끼워둔다.

13. 두 번째 판지와 표지에도 5~10단계 작업을 반복한다.

책에 표지 붙이기

1. 콘서티나를 깨끗한 폐지 위에 올려놓는다. 콘서티나의 첫 번째 접은 자리와 두 번째 접은 자리에 각각 폐지를 끼워 맨 윗면만 드러나게 한다.

2. 노출된 맨 윗면에 붓으로 PVA 접착제를 바른다.

3. 표지용 판지 한 장을 겉면이 아래쪽을 보게끔 하여 작업대에 올려놓는다. 그러고 나서 재빨리 폐지를 치우고, PVA 접착제를 바른 콘서티나의 윗면을 표지용 판지 위에 조심스럽게 올린다. 이때 콘서티나가 정중앙에 위치하도록 특히 유의한다. 접착한 부분을 본폴더로 눌러 PVA 접착제가 골고루 퍼지게 한다.

4. 1번으로 돌아가 두 번째 표지용 판지와 콘서티나의 맨 아랫면에도 같은 작업을 한다.

5. 책보다 살짝 더 큰 압지를 앞뒤 표지 사이에 끼운다. 그러고 나서 책을 누름판 사이에 넣고, 그 위에 무게 추를 올려둔다. 그 상태로 책을 말린다(하룻밤 동안 말리는 편이 이상적이다).

콘서티나는 여러 가지 간단한 방법을 써서 변화를 줄 수 있다. 다양한 크기와 소재를 실험해보길 바란다. 장식용 종이 대신 북클로스를 사용하거나, 종이를 추가로 부착하여 낱장을 늘려도 좋을 것이다. 재료가 무엇이든 제작 방법은 항상 똑같다.

동양식 침 제책

서점이나 도서관에서 볼 수 있는 책은 대부분 바느질 작업이 겉으로 드러나지 않는 방식으로 제책한다. 복잡하게 엉킨 실매듭은 전부 겉장(혹은 표지) 안쪽에 숨어 있다. 침 제책stab binding에서는 실매듭이 책 정면과 중앙에 위치하는데, 완성한 책에 독특한 장식성을 더해준다.

침 제책은 흔히 일본식 4침 제책Japanese stab binding, Four-hole stab binding을 말한다. 침 제책과 이를 변형한 제책 방식은 동아시아에서 수 세기에 걸쳐 이어져 왔다(조선에서는 5침을 쓰는 오침안정법五針眼訂法을 사용했다.-옮긴이). 우리는 이 책에서 일본식 침 제책의 기법과 용어를 참조하였다.

침 제책을 영어로 '스탭바인딩'이라고 부르는 이유는 침 제철에서는 다른 제책 방식에서처럼 책등의 접선부를 따라 구멍을 뚫는 것이 아니라 송곳을 써서 책 전체를 '꿰뚫는stab' 바느질 구멍을 낸 다음에 실로 책등을 감싸기 때문이다. 침 제책은 형형색색의 아마실과 명주실을 이용해 표지에 대비 효과를 줄 멋진 기회를 제공한다.

4침 제책
(일본식 제책)

5번째 책: 크기 140×210mm, 40쪽

재료

(용지 크기는 44쪽 참조)

내지: 두께 60~80g, 크기 140×420mm 20장(횡목)
(A2 용지 다섯 장을 각각 4등분하면 얼추 맞는 크기로 내지 스무 장을 준비할 수 있다.)

표지: 두께 80~120g, 크기 140×420mm 2장(종목, 내지와 같은 크기)
(앞표지와 뒤표지를 만들 종이다. A3 용지 한 장을 3등분하면 크기가 얼추 맞는다. 색상이 다채롭거나 멋진 장식이 그려진 종이면 더 좋다.)

폐지(막 써도 되는 종이)

아마실(두께 25/3) 또는 질긴 명주실: 길이 약 70cm

도구

재단판
칼
본폴더
무게 추와 누름판
클립 2개
심이 가는 연필이나 샤프
철제 자
스프링디바이더
송곳
바늘
가위
(선택 사항) 망치

동양식 침 제책

책 만드는 방법

1. 내지로 쓸 크기 140×420mm짜리 횡목 종이 20장을 준비한다. A2 용지 5장을 각각 4등분으로 자르면 얼추 맞는 크기로 준비할 수 있다. 준비한 종이 20장을 짧은 가장자리끼리 맞닿게 반으로 각각 접는다.

2. 접선부에 맞춰 종이를 쌓아 올린다. 본폴더를 이용하여 한 번 더 접지 작업을 한다. 원한다면 종이 뭉치를 누름판 사이에 놓고 몇 분간 추를 올려둔다. 표지를 준비하는 몇 분 동안 압축하면 된다.

3. 앞표지와 뒤표지로 쓸 종이를 준비한다. 횡목 종이여야만 하며, 크기는 내지와 똑같이 140×420mm(5.5×16.5inch)로 맞춰야 한다. 종이 2장을 전부 긴 면을 반으로 접는다.

4. 두 표지 사이에 내지를 끼워 책 꼴로 만든다. 이때 접선부를 고르게 정렬해야 한다. 침 제책에서는 접선부가 책배에 해당한다.

5. 평편한 표면 위에 책뭉치를 세워 놓고, 책배와 책꼬리를 가볍게 두드려 완벽한 사각형 형태로 만든다. 그 상태를 유지한 채로 폐지 한 장을 책배에 올린 다음에 불도그클립이나 폴드백클립 두 개로 책배를 조인다. 클립은 책뭉치가 흐트러지지 않게 하며, 폐지는 클립이 종이에 자국을 남기는 것을 막는다.

6. 바느질 구멍을 뚫는 데 쓸 모형을 만든다. 길이와 너비가 책뭉치와 똑같은 폐지를 준비한다. 폐지의 모퉁이는 반드시 직각을 이루어야 한다. 샤프와 철제 자, 스프링디바이더를 이용하여 그림과 같이 바느질 구멍 위치를 표시한다.

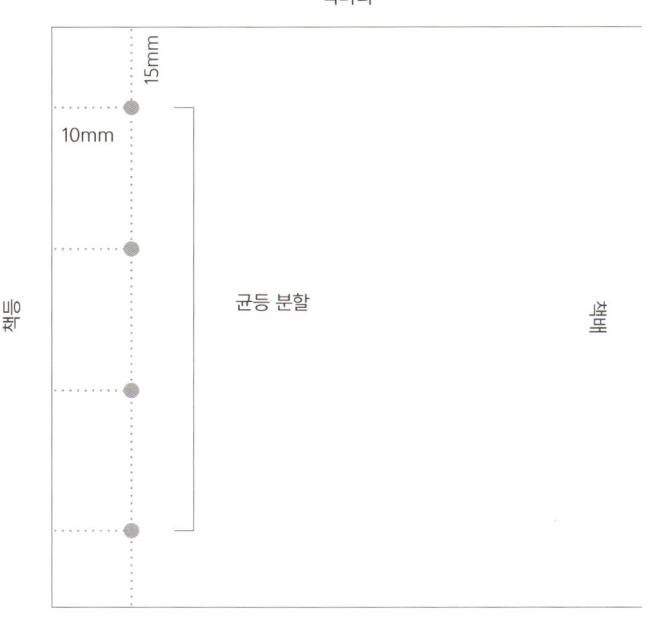

동양식 침 제책

7. 사진과 같이 바느질 구멍 뚫기 모형을 책등에 딱 맞춰 올려놓는다. 송곳을 이용하여 모형에 표시한 바느질 구멍 위치마다 살짝 자국을 남긴다. 그런 다음에 모형을 치운다.

8. 책뭉치를 재단판 위에 올린 다음에 한 손으로는 책뭉치를 고정하고, 다른 손으로는 송곳을 든다. 송곳을 처음에 표시한 바느질 구멍 위에 올리고, 책뭉치 전체를 관통하는 구멍을 뚫는다. 이 작업에는 다소의 힘과 조심성이 필요하다. 이때는 서서 작업하는 편이 낫다. 구멍을 뚫기가 힘들 때는 망치를 쓰면 좋다. 나무망치나 고무망치가 적합하다. 망치로 송곳을 살살 쳐서 책뭉치에 구멍을 뚫는다.

9. 바느질 구멍이 책뭉치 끝까지 뚫렸는지, 바늘이 구멍을 여유롭게 드나드는지 확인한다. 책뭉치에서 낱장이 흐트러지지 않도록 특히 주의하여 바느질 구멍이 어긋나지 않게 해야 한다. 바느질 구멍 네 곳 전부에 8단계 작업을 진행한다.

10. 제책용 바늘에 아마실이나 명주실을 끼운다. 실 길이는 책 길이의 약 4.5배 정도여야 한다(대략 70cm). 실 한쪽 끝에 매듭을 짓는다. 이때 실 꼬리는 길이가 5mm(0.25inch) 정도여야 한다.

11. 책뭉치를 작업대 표면에 올려놓고, 책등이 작업대 바깥쪽으로 삐져나오게 한다(이때 책배에 있는 클립을 떨어내지 않도록 주의해야 한다).

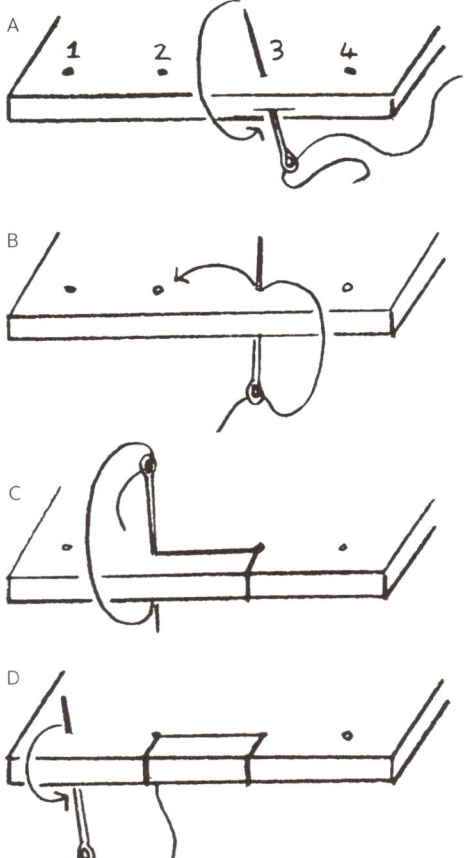

12. 바늘을 3번 바느질 구멍이 있는 곳의 책등 중간(즉, 낱장 사이)에 삽입한 다음에 3번 바느질 구멍으로 빼낸다(A). 그러고 나서 매듭이 단단히 고정될 때까지 실을 잡아당긴다. 실로 책등을 한 바퀴 감은 다음에 바늘을 다시 3번 바느질 구멍에 집어넣고 실이 꽉 매일 때까지 잡아당긴다(B).

13. 바늘을 2번 바느질 구멍으로 옮겨 같은 작업을 반복한다. 1번 바느질 구멍에 다다를 때까지 같은 작업을 반복한다(C와 D). 한 땀 한 땀 꿰맬 때마다 실을 반드시 네모반듯한 형태로 꽉 묶어야 한다.

14. 1번 바느질 구멍을 실로 감싼 다음에는 그림과 같이 책등의 책머리나 책꼬리 쪽을 실로 감싼다. 그러고 나서 다시 1번 구멍에 바늘을 삽입한다(E).

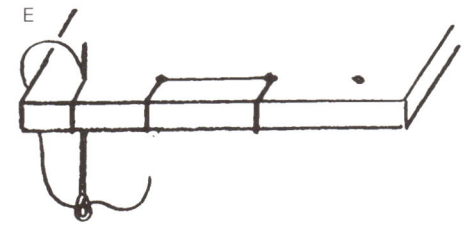

동양식 침 제책

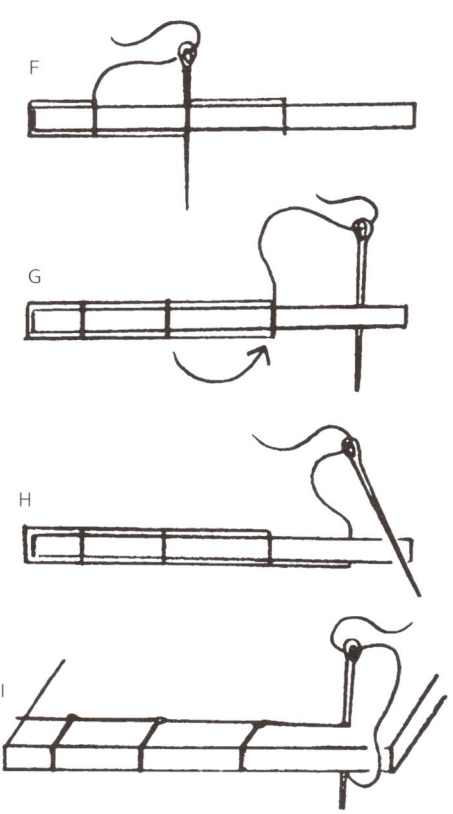
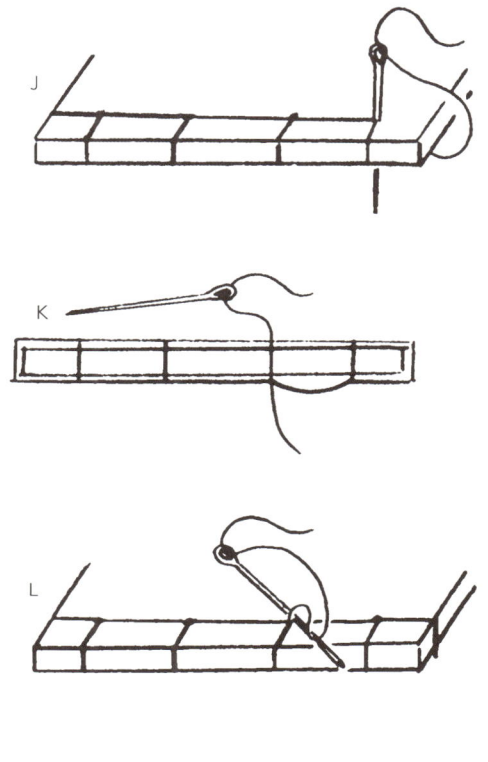

15. 4번 바느질 구멍에 도착할 때까지 그림 (F~I)처럼 책등의 긴 면을 꿰맨다.

16. 4번 바느질 구멍에서 책등을 실로 감싼 다음에 책머리나 책꼬리 쪽을 실로 감는다(I와 J). 그러고 나서 처음 작업을 시작했던 3번 바느질 구멍 쪽으로 돌아가 바늘을 뽑아낸다(K).

17. 3번 바느질 구멍에 있는 바늘땀 안쪽에 바늘을 집어넣어 매듭을 짓고, 바늘을 다시 3번 구멍에 집어넣은 다음에 바늘이 낱장을 반쯤 통과한 상태에서 책등 쪽으로 뽑아낸다. 그러고 나서 실을 자른 다음에 책등 안에 밀어 넣는다(L).

하드커버 4침 제책

6번째 책: 크기 140×210mm, 40쪽

재료

(용지 크기는 44쪽 참조)

내지: 두께 60~80g, 크기 140×420mm 20장(횡목)
(A2 용지 5장을 각각 4등분으로 자르면 얼추 맞는 크기로 내지 20장을 준비할 수 있다.)

표지: 두께 80~120g, 크기 140×210mm 2장
(앞표지와 뒤표지에 덧댈 안감용 종이로 쓴다.
A3 용지 한 장을 2등분으로 자르면 크기가 얼추 맞는다.
색상이 다채롭거나 멋진 장식이 그려진 종이면 더 좋다.)

회색판지: 두께 2mm, 크기 150×250mm 2장(횡목)

북클로스: 크기 약 250×400mm 2장(횡목)

폐지(막 써도 되는 종이)

아마실(두께 25/3) 또는 질긴 명주실: 길이 약 70cm

도구

본폴더
칼
재단판
클립
심이 가는 연필이나 샤프
철제 자
스프링디바이더
송곳
가위
철제 삼각자
곱자
풀칠용 붓(아교 솔)
바늘
책귀내기 망치
(선택 사항) 망치

책 만드는 방법

내지 만들기

1. 4침 제책(110~111쪽)에 나온 1단계와 2단계를 그대로 따라 하여 내지를 준비한다.

2. 낱장을 뭉쳐 책 꼴로 만든다. 이때 접선부를 고르게 정렬해야 한다. **4침 제책**과 마찬가지로 접선부가 책배에 해당한다.

동양식 침 제책

3. 평편한 표면 위에 책뭉치를 세워 놓고, 책배와 책꼬리를 가볍게 두드려 완벽한 사각형 형태로 만든다. 그 상태를 유지한 채로 폐지 한 장을 책배에 올린 다음에 불도그클립이나 폴드백 클립으로 책배를 조인다. 클립은 책뭉치가 흐트러지지 않게 하며, 폐지는 클립이 종이에 자국을 남기지 않게 한다.

4. **4침 제책**(112쪽)의 6단계를 따라 바느질 구멍을 뚫는 데 쓸 모형을 만든다.

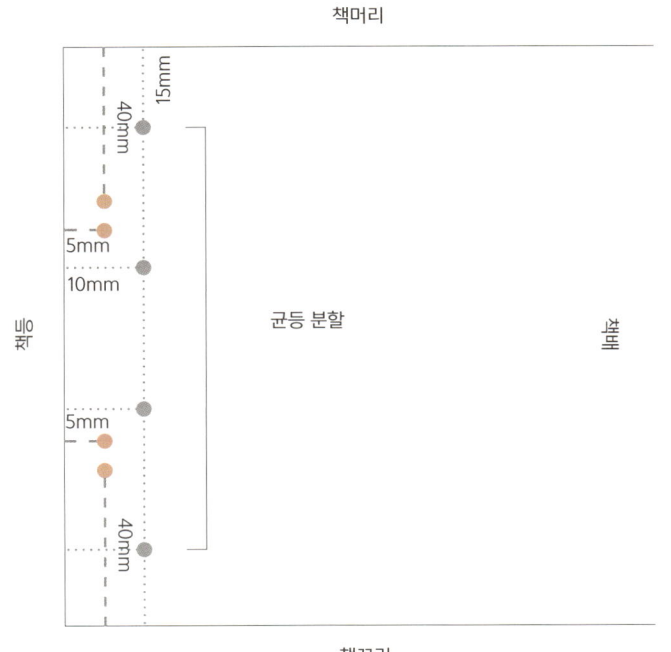

5. 모형에 추가로 두 쌍의 구멍을 표시해야 한다. 한 쌍의 구멍은 서로 5mm만큼 떨어져야 하며, 두 쌍 모두 책등에서 5mm만큼 떨어지고, 책머리와 책꼬리에서 각각 40mm만큼 떨어진 곳에 있어야 한다. 그림의 붉은 점을 참조하길 바란다. 이 두 쌍의 구멍은 '안전 바늘땀security stitch'이 될 것이다. 안전 바늘땀은 책을 표지와 엮기 전에 내지에 추가로 바느질하는 바늘땀이다.

6. 바느질 구멍 뚫기 모형을 책등과 딱 맞춰 책뭉치 위쪽에 올려놓는다. 송곳을 이용하여 모형에 표시한 안전 바늘땀 구멍 위치에 살짝 자국을 남긴다. 이제 모형을 치운다.

동양식 침 제책

7. **4침 제책**의 8단계(113쪽)를 참조하여 바느질 구멍을 뚫는다.

8. 한 뼘보다 짧은 아마실을 가지고 한 쌍의 안전 바늘땀 구멍을 꿰맨다. 이때 내지의 한쪽 면에 실 끝부분을 남겨놓도록 한다. 이중 매듭 기법을 사용하여 실을 단단히 묶는다. 다음 한 쌍의 안전 바늘땀 구멍에도 똑같이 작업한다. 실 끝을 3mm만큼 남기고 나머지는 잘라버려야 한다. 안전 바늘땀이 책을 제자리에 단단히 고정해줄 것이다.

9. 내지를 단단한 표면 위에 올려놓는다. 머리가 평평한 망치로 안전 바늘땀에 망치질한다. 안전 바늘땀이 내지 속으로 파묻혀 평평한 상태가 되어야 한다. 그러고 나서 클립을 떼어낸다.

10. 이제, 바느질 구멍 뚫기 모형을 이용하여 남은 바느질 구멍 네 곳의 위치에 표시를 남긴 다음에 구멍을 뚫는다.

표지 만들기

1. 내지의 길이와 너비를 측정한다. 치수가 140×210mm여야 한다.

2. 앞표지와 뒤표지의 치수를 계산한다.

> 표지의 길이는 내지의 길이보다 책머리 쪽으로 2mm만큼, 책꼬리 쪽으로 2mm만큼 더 길어야 한다. 이렇게 늘어난 공간은 내지를 보호하는 경계면이자, 표지가 내지보다 얼마나 돌출해 있는지 나타내는 지표다.
> 표지의 너비는 내지의 너비보다 4mm만큼 짧아야 한다 (이 4mm가 책등에 생기는 책귀joint를 보완한다).

3. 칼과 철제 자를 사용하여 회색판지 두 장을 위에서 계산한 치수에 맞춰 자른다. 회색판지의 종이결은 반드시 책등과 평행을 이루어야 한다. 곱자를 사용하여 판지가 제대로 사각형 형태인지 확인한다.

4. 책등 조각의 치수를 잰 다음에 책등 조각을 잘라낸다. 각 표지용 판지의 짧은 가장자리에서 15mm만큼 떨어진 지점을 측정하고, 표시를 남긴 다음에 잘라내면 된다. 이렇게 잘라낸 책등 조각은 표지에 홈groove을 만들어 책을 펼칠 수 있게 한다. 이 시점에서 우리는 표지 2장과 책등 조각 2장을 지니고 있어야 한다.

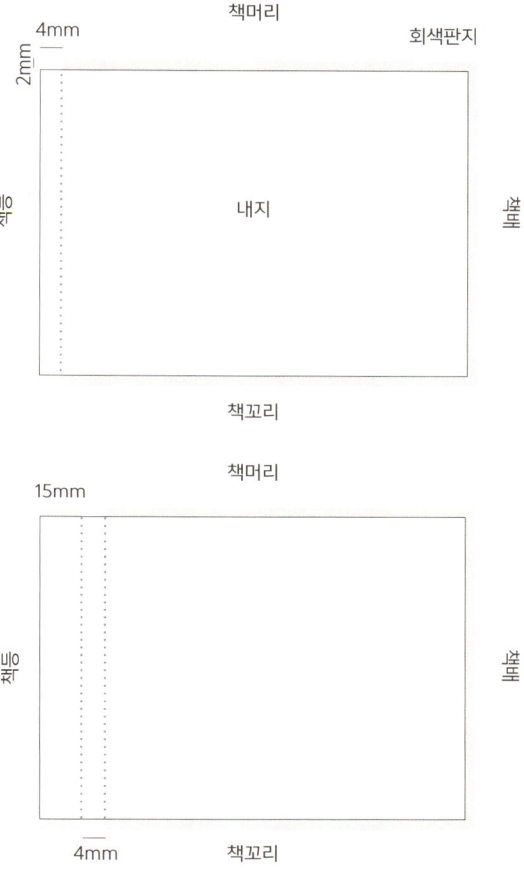

회색판지를 책가위로 감싸기

1. 작업대에 북클로스를 천 부분이 아래쪽에 오게끔 올려놓는다. 샤프와 철제 자를 이용하여 아래쪽 긴 가장자리에서 약 30mm 위에 선을 긋는다. 삼각자를 이용하거나 재단판의 격자를 참고하여 왼쪽 짧은 가장자리에서 약 30mm 오른쪽에 선을 긋는다. 이때 두 선이 직각이 이루어야 한다.

2. 표지 한 장을 북클로스 위에 올려놓는다. 이때 표지의 책배와 책머리를 1단계에서 그은 선에 맞춰 나란히 놓아야 한다. 샤프로 표지의 윤곽선을 살짝 표시한 다음에 표지를 치운다.

3. 풀칠용 붓으로 윤곽선 안쪽에 PVA 접착제를 바른다. 그러고 나서 표지를 조심스럽게 북클로스 위의 원래 자리로 되돌려놓는다. 본폴더로 잘 문질러 PVA 접착제가 골고루 퍼지게 한다.

4. 2mm 회색판지 2장을 3단계에서 붙인 표지용 판지의 오른쪽 가장자리에 맞대어 책귀를 만드는 데 쓸 간격을 측정하고 표시한다.

5. 책등 조각 하나를 책귀 간격에 맞춰 정렬한다. 이때 책등 조각이 표지용 판지와 일직선을 이루어야 한다. 샤프로 책등 조각의 윤곽선을 살짝 표시한 다음에 책등 조각을 치운다.

6. 풀칠용 붓으로 윤곽선 안쪽에 PVA 접착제를 바른다. 그러고 나서 책등 조각을 조심스럽게 북클로스 위의 원래 자리로 되돌려놓는다. 이때 철제 자를 표지용 판지 아래쪽에 대어 책등 조각과 표지용 판지를 확실히 정렬해야 한다. 본폴더로 잘 문질러 PVA 접착제를 골고루 펴 바른다.

7. 북클로스를 책머리와 책꼬리, 책배 쪽으로는 20mm만큼, 책등 쪽으로는 30mm만큼 여분을 남기고 다듬어준다. 98쪽을 참조하여 책배의 모서리를 45도 각도로 자른다. 그러고 나서 책등의 모서리를 옆쪽의 그림과 같이 자른다.

8. **장식용 종이 표지를 붙인 콘서티나**에서 단계별로 설명한 내용(99~101쪽)을 참조하여 네 구역에 PVA 접착제를 바른다. 이때 책머리, 책꼬리, 책배, 책등의 순서로 작업해야 한다.

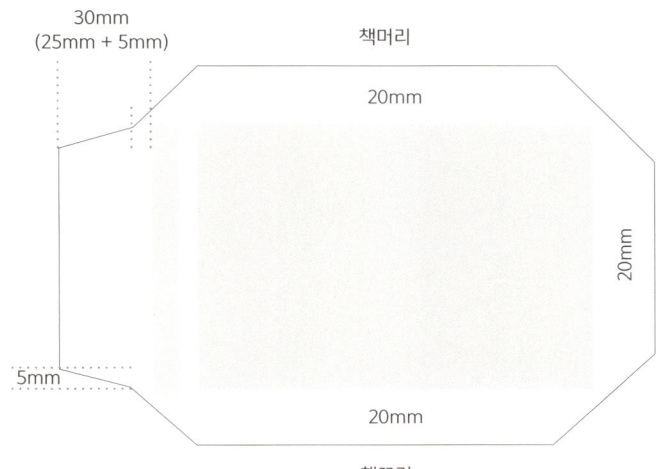

9. 각 구역에 전부 PVA 접착제를 발라서 표지를 감쌌다면, 표지의 전면이 위쪽을 보게끔 작업대 위에 올려놓고 그 위에 깨끗한 폐지를 한 장 올려놓는다. 본폴더 끝으로 책귀 간격을 위에서 아래로 눌러 북클로스에 자국을 남긴다. 이번에는 아래에서 위로 같은 작업을 반복한다.

표지에 안감 대기

1. 안감용 종이 2장을 치수에 맞춰 자른다. 안감용 종이는 (경계를 만들려면) 표지용 판지보다 길이와 너비가 4mm만큼 작아야 한다.

2. 안감용 종이에 PVA 접착제를 바른 다음에 조심스럽게 표지용 판지 위에 붙인다. 이때 책머리와 책꼬리, 책배에 각각 2mm만큼 여유를 두어야 한다. 본폴더로 문지른 다음 누름판 사이에 끼우고 무게 추를 올려둔다. 나머지 표지용 판지에도 똑같이 작업한다.

바느질 구멍 표시하기

1. 표지가 다 마르면, 바느질 구멍 위치에 흔적을 남겨 표시한 다음에 구멍을 뚫는다. 앞표지로 쓸 판지를 앞면이 위로 오게끔 재단판 위에 올려놓는다. 120쪽에서 만든 바느질 구멍 뚫기 모형을 책등에 맞춰 정렬하고 (책머리와 책꼬리에서 떨어진 간격이 똑같도록) 중앙에 둔다. 송곳을 이용하여 표지용 판지에 바느질 구멍을 낼 자리를 표시한다.

2. 뒤표지로 쓸 판지를 뒷면이 위로 오게 하여 재단판 위에 올려놓은 다음 1단계를 반복한다.

3. 앞표지로 쓸 판지를 앞면이 위를 보게끔 재단판 위에 올려놓는다. 이때 책등 조각 아래에 회색판지 조각을 하나 집어넣는다. 송곳과 망치를 이용하여 바느질 구멍을 뚫는다.

4. 뒤표지로 쓸 판지를 뒷면이 위로 오게끔 하여 재단판 위에 올려놓은 다음 3단계를 반복한다.

동양식 침 제책

바느질하기

1. 앞뒤 표지와 내지를 올바른 순서와 형태로 한데 모은다. 그러고 나서 책등을 작업대 표면에 가볍게 두드려 완벽하게 정렬해준다. 바느질을 시작하기 전에 바늘이 각 바느질 구멍에 잘 드나드는지 확인한다.

2. 사진처럼 책뭉치를 작업대 표면에 올려놓고, 책등이 작업대 바깥쪽으로 삐져나오게 한다. 그런 다음에 그 위에 무게 추를 올려놓는다.

3. 제책용 바늘에 아마실이나 명주실을 끼운다. 실 길이는 책 길이의 약 4.5배 정도여야 한다(대략 70cm). 실 한쪽 끝에 매듭을 짓는다. 이때 실 꼬리는 길이가 5mm 정도여야 한다.

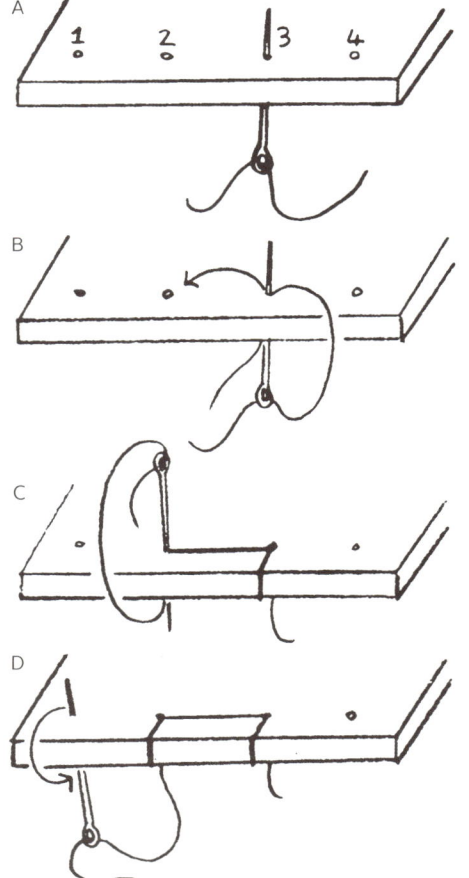

4. 3번 바느질 구멍 아래쪽에서 바느질을 시작하고 매듭이 단단히 고정될 때까지 실을 잡아당긴다. 실로 책등을 한 바퀴 감은 다음에 바늘을 다시 3번 바느질 구멍에 집어넣고(A와 B), 실이 꽉 매일 때까지 잡아당긴다. 바늘을 2번 바느질 구멍으로 옮겨 같은 작업을 반복한다. 그러고 나서 1번 바느질 구멍에 다다를 때까지 같은 작업을 반복한다(C와 D). 한 땀 한 땀 꿰맬 때마다 실을 반드시 네모반듯한 형태로 꽉 묶어야 한다.

5. 1번 바느질 구멍을 실로 감싼 다음에는 그림과 같이 책등의 책머리나 책꼬리 쪽을 실로 감싸준다. 그런 다음에 다시 1번 구멍에 바늘을 삽입한다(E).

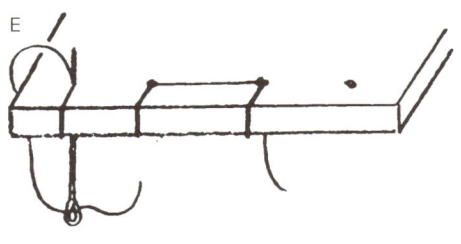

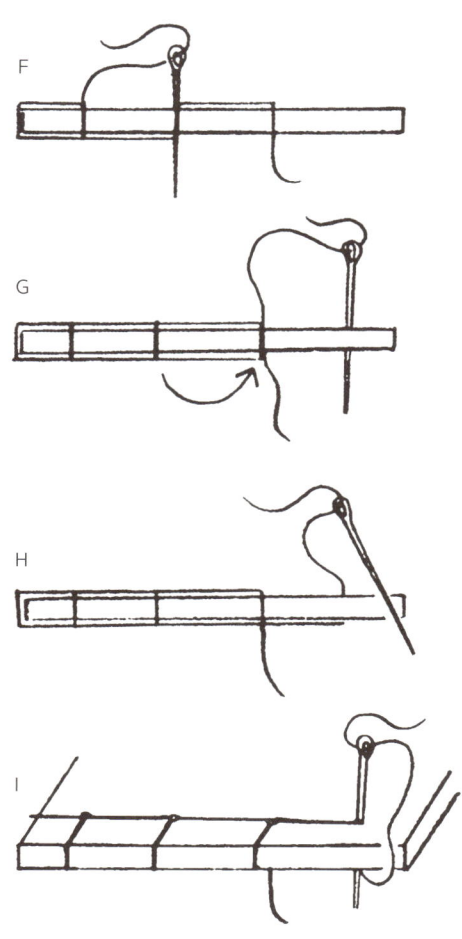
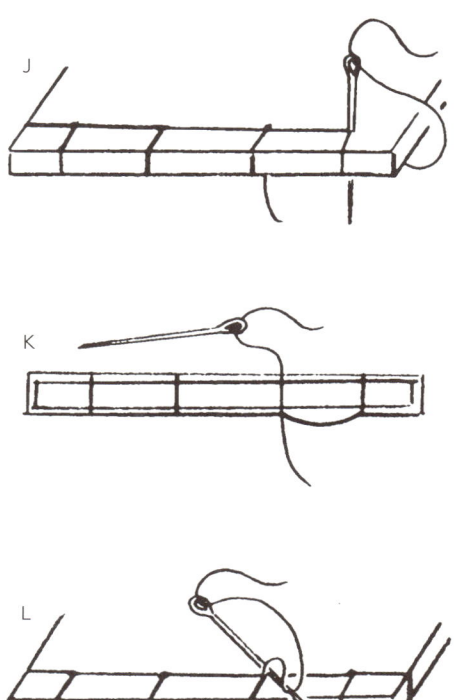

6. 4번 바느질 구멍에 도착할 때까지 그림 (F~I)처럼 책등의 긴 면을 꿰맨다.

7. 4번 바느질 구멍에서 책등을 실로 감싼 다음에 책머리나 책꼬리를 실로 감는다(I와 J). 그러고 나서 처음 작업을 시작했던 3번 바느질 구멍 쪽으로 돌아가 바늘을 뽑아낸다(K).

8. 3번 바느질 구멍에 있는 바늘땀에 매듭을 짓고, 바늘을 다시 3번 구멍에 집어넣은 다음에 뽑아내어 실 끝과 만나게 한다. 실을 꽉 잡아당긴 다음에 그림처럼 옭매듭 형태로 묶는다(L).

얇은 양장 제책

양장 책이란 사람들이 흔히 떠올리는 '표지가 두꺼운 책'이다. 양장 제책이란 하나 혹은 여러 대수로 만든 내지를 북클로스나 종이로 판지를 감싸서 만든 단단한 앞뒤 표지와 책등 사이에 넣어 엮는 방법이다.

이번 장에서는 얇은 양장 책을 만드는 방법을 단계별로 설명하겠다. 얇은 양장 제책slim case binding은 여러 대수 양장 제책보다 제책 시간이 훨씬 짧다. 그리고 68쪽의 **쓰리홀 팸플릿**에서 서술한 바느질 기법을 그대로 써서 만들 수 있다.

양장 제책을 할 때는 계획과 디자인 단계에서 종이나 천 같은 겉표지용 소재와 면지를 어떻게 조합할지 신중히 고려해야 한다. 책의 겉에서 안으로 들어갈 때 드러나는 겉표지와 면지의 조합은 실로 놀라운 시각적 경험을 줄 수 있기 때문이다.

홀대수 양장 제책

7번째 책: 크기 A5, 32쪽

재료

(용지 크기는 44쪽 참조)

내지: 두께 80~130g, 크기 A2 2장(횡목)

면지: 두께 100~130g, 크기 A4 2장(횡목)
(색상이 다채롭거나 멋진 장식이 그려진 종이면 더 좋다.)

회색판지: 두께 2mm, 크기 최소 250×350mm 한 장(횡목)

세양사 또는 프레이나트 캘리코: 크기 50×180mm

북클로스: 크기 약 350×450mm 한 장(횡목)

폐지(막 써도 되는 종이)

압지(대수를 누를 때 위아래로 받치는 종이, 폐지보다 깨끗한 종이면 좋다)

방습용지

아마실: 두께 18/3, 길이 약 60cm

PVA 접착제

도구

본폴더
철제 자
심이 가는 연필이나 샤프
송곳
바늘
재단판
풀칠용 붓(아교 솔)
칼
가위
삼각자
무게 추와 누름판

얇은 양장 제책

책 만드는 방법

대수 준비하기

1. A2 종이 2장을 각각 8절판으로 접는다. 그렇게 접으면 한 대당 16쪽이 나온다(55쪽 참조). 그중 한 대수를 한 번만 펼친다. 가운데 접선부에 맞춰 나머지 대수를 포개 넣는다. 이렇게 하면 총 32쪽짜리 대수가 생긴다.

2. **쓰리홀 팸플릿**(71쪽 참조)에서 서술한 절차에 따라 바느질 구멍을 뚫는 데 쓸 모형을 만든다.

3. **쓰리홀 팸플릿**(73쪽 참조)을 꿰맸을 때와 똑같은 방식으로 대수를 꿰맨다. 단, 바느질을 대수 안쪽에서 시작하여 매듭이 대수 안쪽에 생기게 해야 한다.

면지 붙이기

4. 면지 두 장을 짧은 가장자리끼리 맞닿게 반으로 각각 접는다. 만약 장식이 있는 용지를 사용한다면, 장식된 면이 안쪽으로 오도록 접어야 한다.

얇은 양장 제책

5. 작업대에 폐지를 한 장 올려놓는다. 폐지 위에 미리 접어둔 면지 두 장을 올려놓고, 그 위에 다시 폐지를 한 장 올린다. 사진처럼 각 면지의 접선부를 5mm만큼만 드러내고, 나머지는 몽땅 가려준다.

6. 드러난 부분에 PVA 접착제를 바른다.

7. 폐지를 치우고 첫 번째 면지를 앞서 준비한 대수의 책등과 수평으로 맞닿게끔 신중히 붙인다. 이때 면지와 대수의 접선부를 완벽하게 정렬해야 한다. 접선부 전체를 본폴더로 눌러 PVA 접착제를 골고루 펴 바른다.

8. 대수를 뒤집고 반대쪽 면에도 똑같이 두 번째 면지를 붙이는 작업을 한다.

9. 원한다면, 이 단계에서 대수를 다듬는 작업을 한다(53쪽 참조).

책등에 등지 대기

1. 사진처럼 세양사 또는 프레이나트 캘리코 조각을 긴 면끼리 만나게끔 접어 자국을 낸다.

2. 대수의 책등 끝부분에 PVA 접착제를 바른다. 이때 접착제가 옆면에 번져선 안 된다.

3. 대수의 책등 끝을 세양사 또는 프레이나트 캘리코 접선부에 놓는다. 본폴더로 잘 문질러 프레이나트 캘리코와 대수를 완전히 접착한다.

회색판지 준비하기 그리고 책등 간격 측정하기

1. 책뭉치의 길이와 너비를 측정한다. 대략 148×210mm여야 한다.

2. 앞표지와 뒤표지의 치수를 계산한다.

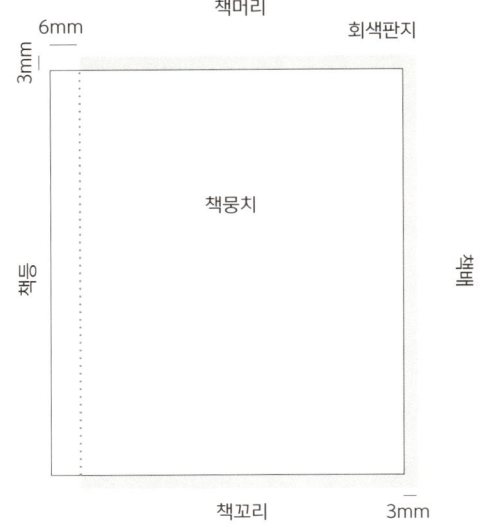

표지의 길이는 책뭉치의 길이보다 책머리 쪽으로 3mm만큼, 책꼬리 쪽으로도 3mm만큼 더 길어야 한다.

표지의 너비는 '책뭉치의 너비+3mm-6mm'가 되어야 한다. 책의 책배에 여백을 두고자 3mm를 더해주고, 책등 영역에서 책귀 부분을 비워두고자 6mm를 빼준다.

3. 칼과 철제 자를 사용하여 판지 두 장을 위에서 계산한 치수에 맞춰 자른다. 판지의 종이결이 반드시 책등과 평행을 이루어야 한다. 곱자를 사용하여 판지가 제대로 사각형 형태인지 확인한다.

얇은 양장 제책

4. 작업대 위에 회색판지를 한 장 올려놓는다. 그러고 나서 대수를 회색판지 위에 올려놓는다. 이때 사진처럼 책머리와 책꼬리에 똑같은 크기의 네모난 공간이 생겨야 한다. 정확하게 작업하려면 일어선 채로, 책 바로 위에서 똑바로 보면서 작업하는 편이 좋다.

5. 대수 위에 두 번째 판지를 조심스럽게 올려놓는다. 이때 아래에 있는 대수와 판지가 움직이지 않게 주의해야 한다. 이때 두 판지를 완벽하게 정렬해야 한다.

6. 이렇게 대수와 판지 합친 뭉치를 손으로 꽉 쥐고 조심스럽게 든다. 이 단계에서 대수와 판지가 움직이지 않게 하는 것이 매우 중요하다. 사진처럼 책머리에서 25mm만큼 떨어진 위치에서 책등을 기다란 폐지 한 장으로 감싼다.

7. 사진처럼 샤프로 폐지에 회색판지의 가장자리 위치의 표시를 남긴다. 이때 앞면과 뒷면의 판지를 모두 표시해야 한다.

8. 손아귀에 힘을 풀지 않은 채로 이번에는 책꼬리에서 25mm만큼 떨어진 부분에서 6단계와 7단계를 반복한다.

9. 폐지를 펼치면 판지의 가장자리 위치 표시가 한 쌍 남아 있을 것이다. 두 표시가 각각 얼마나 떨어져 있는지 비교한다. 두 쪽에 표시한 간격이 같아야 하지만 만약 한쪽 표시의 간격이 더 길다면 다음 단계에서는 긴 쪽을 사용한다.

10. 스프링디바이더를 이용하여 두 표시의 거리를 측정하고, 거기에 1mm만큼을 덧붙인다. 이 1mm는 책등 간격에 해당한다.

회색판지를 책가위로 감싸기

1. 작업대에 북클로스를 천 부분이 아래쪽에 오도록 올려놓는다. 샤프와 철제자를 이용하여 아래쪽 긴 가장자리에서 약 30mm 위에 선을 긋는다. 삼각자를 이용하거나 재단판의 격자를 참고하여 왼쪽 짧은 가장자리에서 약 30mm 오른쪽에 선을 긋는다. 이때 두 선이 직각이 이루어야 한다.

2. 앞표지 판지를 북클로스 위에 올려놓는다. 이때 표지의 책배와 책머리를 1단계에서 그은 선에 맞춰 정렬해야 한다. 샤프로 표지의 윤곽선을 살짝 표시한 다음에 표지를 치운다.

3. 풀칠용 붓으로 윤곽선 안쪽에 PVA 접착제를 바른다. 그러고 나서 표지를 조심스럽게 북클로스 위의 원래 자리로 되돌려 놓는다. 본폴더로 잘 문질러 PVA 접착제를 골고루 펴 바른다.

얇은 양장 제책

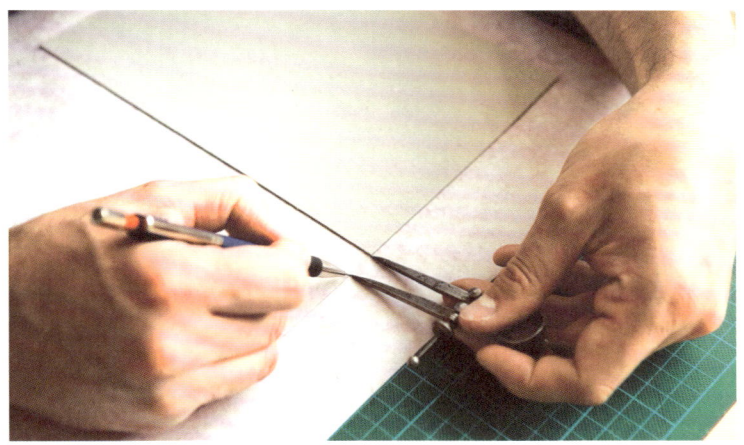

4. 표지의 책머리 부분을 따라 철제 자를 올려놓고, 북클로스에 한 번 더 선을 긋는다(앞서 그었던 선이 움직였을 수도 있기 때문이다).

5. 140쪽의 9단계에서 측정한 치수를 이용하여 책등 간격을 표시한다.

6. 이번에는 책꼬리 쪽에서 4단계와 5단계를 반복한다.

7. 접착한 표지용 판지의 책꼬리에 자를 맞댄다. 철제 자와 책등 간격 표시를 기준으로 삼아 뒤표지를 북클로스 위에 올려놓는다. 앞서 앞표지에 했듯이 윤곽선을 그린 다음에 PVA 접착제를 발라준다(2단계와 3단계 참조).

얇은 양장 제책

8. 북클로스의 모든 면을 20mm만큼 여분을 남기고 다듬는다. 98쪽을 참조하여 각 모서리를 45도 각도로 잘라낸다.

1번 구역

4번 구역

3번 구역

2번 구역

얇은 양장 제책

9. 99~101쪽에서 단계별로 설명한 내용을 참조하여 네 구역에 PVA 접착제를 바른다. 이때 책머리, 책꼬리, 책배, 책등의 순서로 작업한다.

10. 책머리와 책꼬리 쪽 구역을 접착한 다음에 책등 간격을 본폴더 끝으로 잘 문질러준다.

11. 네 구역을 모두 접착한 다음에는 그 위에 폐지를 한 장 올려놓고, 본폴더로 잘 문질러 중간에 기포가 남거나 가장자리가 벌어지는 일이 생기지 않게 한다.

12. 끝이 뾰족한 모서리가 있다면, 본폴더로 살짝 두들겨 둥글게 한다.

13. 누름판과 무게 추 사이에 적어도 20분간 끼워둔다.

표지 싸기

1. 표지 안쪽에 책뭉치를 집어넣는다. 이때 책뭉치가 정중앙에 오도록 하여 책머리와 책꼬리, 책배 쪽에 생긴 사각형이 삐뚤어지지 않게 한다.

2. 원한다면, 이 단계에서 앞 면지와 뒤 면지의 바깥쪽 장을 다듬는 작업을 한다. 면지의 책배를 1mm만큼 잘라낸다. 이렇게 하면 다음 단계에서 면지에 풀칠할 때 '늘어지는stretch' 현상이 발생하는 것을 예방할 수 있다.

얇은 양장 제책

3. 책뭉치를 제자리에 놓고 앞 면지 안쪽에 폐지를 끼운다. 이제부터는 빠르고 조심스럽게 작업해야 한다. 면지에 PVA 접착제를 바른다. 면지 아래쪽에 접착제를 바른 다음에 세양사나 프레이나트 캘리코 위에 접착제를 바르면 된다. 그러고 나서 면지를 들어 올리지 않은 상태에서 재빨리 폐지를 치운다. 이제부터 면지가 말리기 시작할 것이다.

우선 PVA 접착제를 쓰지 않고 이 단계를 진행하여 사전에 감을 잡길 권장한다.

4. 사진처럼 책뭉치와 표지를 단단히 쥔다. 그러고 나서 엄지와 검지로 책배를 눌러 책뭉치가 움직이지 않게 하고, 면지 위에 앞표지를 덮는다. 모든 것이 제 위치에 있고, 제대로 정렬되어 있는지 확인한 다음에 표지를 꾹 누른다.

5. 책을 잽싸게 뒤집은 다음에 살짝 펼친다(만약 책을 너무 많이 펼친다면, 면지가 상할 것이다). 그리고 본폴더나 테플론폴더로 면지를 문지른다.

6. 뒤표지에서도 4단계와 5단계 작업을 반복한다.

얇은 양장 제책

7. 폐지 한 장을 표지와 책등 사이에 있는 홈 위에 걸쳐 놓는다. 그러고 나서 본 폴더로 홈을 처음부터 끝까지 눌러 책귀를 만든다.

8. 압지와 방습용지를 앞뒤의 면지 사이에 끼운다. 이때 압지는 표지 쪽을 바라보고, 방습용지는 내지 쪽을 바라보게 놓아야 한다.

9. 책을 누름판과 무게 추 사이에 하룻밤 동안 끼워둔다. PVA 접착제가 완전히 마르기 전에는 책을 **절대** 펼쳐선 안 된다.

겹대수 양장 제책

8번째 책: 크기 A6, 64쪽

홑대수 양장 제책(132쪽)에서 썼던 표지 싸기 기법을 활용한다.
대수는 앞에서 만든 더블 팸플릿(76쪽)을 그대로 써도 된다.

재료

(용지 크기는 44쪽 참조)

내지: 두께 80~120g, 크기 A4 8장(종목)
(손쉽게 구할 수 있는 아무 인쇄용지를 써도 좋으며,
두 가지 색의 종이를 각각 4장씩 준비한다.)

면지: 두께 90~120g, 크기 A5 2장(횡목)
(색상이 다채롭거나 멋진 장식이 그려진 종이면 더 좋다.)

회색판지: 두께 1.5mm, 크기 최소 180×250mm 한 장(횡목)

세양사나 프레이나트 캘리코: 크기 50×140mm

북클로스: 크기 약 240×300mm 한 장(횡목)

폐지(막 써도 되는 종이)

압지(대수를 누를 때 위아래로 받치는 종이, 폐지 보다
깨끗한 종이면 좋다.)

방습용지

아마실: 두께 18/3 혹은 25/3, 길이 약 45cm

PVA 접착제

도구

본폴더
철제 자
심이 가는 연필이나 샤프
송곳
바늘
재단판
붓
칼
가위
삼각자
무게 추와 누름판

책 만드는 방법

대수 준비하기

76~77쪽의 **더블 팸플릿**에서 서술한 방식대로 대수를 두 대 준비하고, 두 대수를 꿰맨다.

표지 싸기

134~147쪽의 **홑대수 양장 제책**에서 서술한 방법대로 대수에 면지를 붙이고, 표지로 싸맨다.

노출 제책

이번 장에서 살펴볼 노출 제책exposed spine binding은 일본식 4침 제책과 비슷하게 책등을 노출한다. 그래서 보통 표지 뒤편으로 감추는 복잡한 바느질 작업이 그대로 드러난다. 노출 제책은 '지지대 없는 사슬짜기unsupported link stitch'로도 알려졌다. 눈에 확 띄는 제책 방식이며, 특히 형형색색의 아마실을 사용했을 때 더 그러하다. 노출 제책은 책 내부의 구조와 움직임이 훤히 드러나는데, 마치 내부에서 빙글빙글 돌아가는 톱니바퀴가 훤히 드러나는 시계를 떠올리게 한다.

책등을 노출한 책을 가리키는 '콥트식 제책coptic binding'이라는 용어를 들어봤을지도 모르겠다. 그러나 콥트식 제책은 다른 노출 제책과 구별되는 특정한 책 구조를 뜻하므로, 노출 제책을 콥트식 제책이라 부르는 것은 적절하지 않다.

사슬짜기 제책link stitch binding은 작은 책이나 지지력이 별로 필요하지 않은 책을 작업하기에 적합하다. 크고 두꺼운 책을 작업할 때는 '프랑스식 사슬짜기 제책French link stitch binding' 기법을 쓰길 권한다. 프랑스식 사슬짜기 제책에 표지를 씌우면 이 책의 최종 목표인 여러 대수 양장 제책이 된다.

사슬짜기 제책

9번째 책: 크기 A6, 128쪽

재료

(용지 크기는 44쪽 참조)

내지: 두께 80g 이상, 크기 A4 16장(종목, 색지)

표지: 두께 100~175g, 크기 최소 150×250mm 2장(횡목)
(색상이 다채롭거나 멋진 장식이 그려진 종이면 더 좋다.)

폐지(막 써도 되는 종이)

아마실: 두께 18/3 혹은 25/3, 길이 약 2mm

도구

재단판
본폴더
칼
철제 자
스프링디바이더
가위
심이 가는 연필이나 샤프
바늘 또는 굽 바늘
무게 추와 누름판

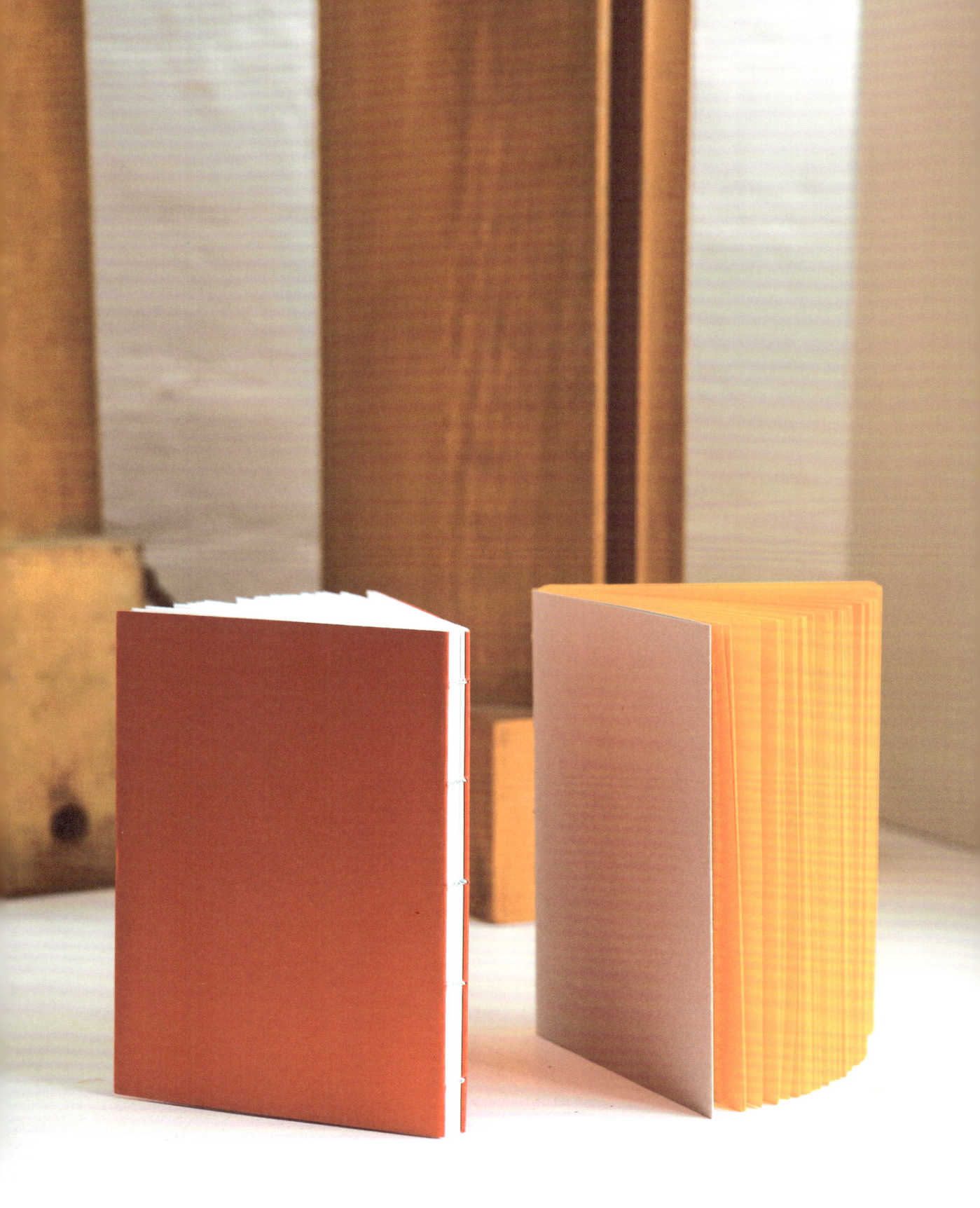

노출 제책

책 만드는 방법

1. A4 종이 두 장을 4절판으로 작업한 뒤, 가운데 접합부에 맞춰 하나로 합친다. 이렇게 하면 A6 크기로 16쪽짜리 한 대수가 완성된다. 같은 작업을 여덟 번 반복해 여덟 대수(128쪽)를 만든 뒤 반듯하게 쌓아 누름판과 무게 추 사이에 끼워둔다.

2. 표지로 쓸 종이의 치수를 재고, 그에 맞춰 재단한다. 높이는 1단계에서 만든 대수와 같아야 하며, 너비는 대수의 2.5배여야 한다(이렇게 하면 크기가 대략 148×260mm가 되어야 한다).

3. 표지 한 장의 왼쪽 모서리에 대수를 올려놓고, 본폴더로 대수의 너비를 표지에 표시한다. 대수를 치워버린다. 표지에 남긴 흔적을 따라 표지를 반듯하게 접는다.

노출 제책

4. 표지를 접은 채로, 그 위에 다시 대수를 한 대 올린다. 이때 대수의 책배를 표지의 접선부에서 약 1mm 정도 떨어뜨려야 한다. 본폴더 끝으로 표지 위에 대수의 책등이 있는 지점을 표시한다. 대수를 치우고 나서 표시를 따라 표지를 다시금 접는다.

5. 4단계에서 만든 접선부 안쪽에 대수를 집어넣는다. 이때 대수의 책등이 표지의 접선부와 만나야 한다.

6. 표지의 날개 부분을 펼치고 대수를 그 안에 집어넣는다. 표지의 책등과 대수의 책등을 정렬한다.

7. 뒤표지에서도 3~6단계 작업을 반복한다.

8. 이제 각 대수와 표지를 하나로 합쳐 책 꼴로 만든다. 첫 번째 대수와 마지막 대수가 짧게 접지된 표지 용지의 안쪽에 들어가 있는지 확인한다. 원한다면, 대수에 바느질 작업을 하기 전에 하룻밤 동안 누름판과 무게 추 사이에 끼워둔다.

노출 제책

9. 바느질 구멍을 뚫는 데 쓸 모형을 만든다. 폐지 한 장을 대수의 길이와 너비에 맞춰 자른다. 그림을 참조하여 바느질 구멍을 다섯 군데에 표시한다.

> 두 개의 바느질 구멍을 각각 책머리와 책꼬리에서 15mm 떨어진 곳에 표시한다. 스프링디바이더를 이용하여 앞서 표시한 두 개의 바느질 구멍 사이에 세 군데 더 바느질 구멍을 표시한다.

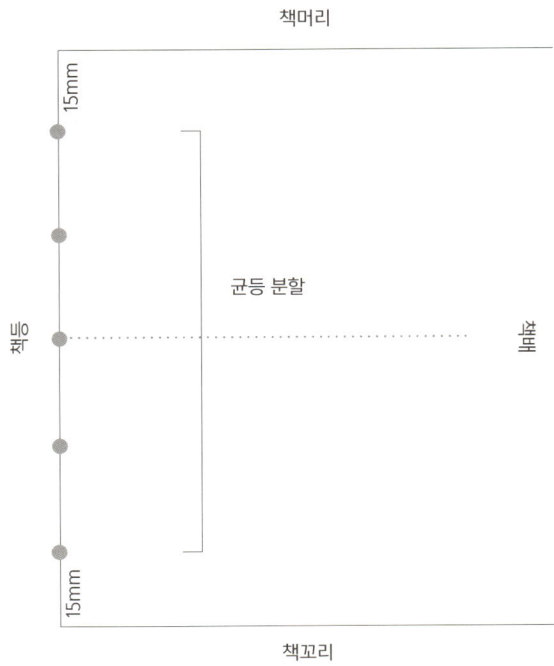

10. 표시를 기준으로 삼아 (앞뒤 표지에 집어넣은 첫 번째 대수와 마지막 대수를 비롯한) 모든 대수의 각 바느질 구멍 자리에 구멍을 뚫는다. 이때 표지와 대수를 잘 정돈하여 흐트러지지 않게 해야 한다. 그렇게 해야 책을 완성했을 때, 책머리와 책꼬리가 미끈하게 나온다. 72쪽에서 서술한 절차에 따라 각 바느질 구멍 자리에 구멍을 뚫는다.

바느질하기

1. 팔 길이 정도(약 1m)의 아마실을 바늘에 끼운다. 필요하다면 실에 왁스를 먹인다. 1번 대수(표지 포함)와 2번 대수를 책등이 작업대 끄트머리에 오게끔 올려놓는다. 바느질을 시작할 때는 항상 같은 장력even tension을 유지해야 한다는 사실을 명심해야 한다. 바늘땀을 너무 꽉 조이거나 느슨하게 풀지 말고 일정하게 유지하라는 이야기다. 그리고 항상 대수를 올바른 순서와 형태로 잘 쌓아두어야 한다. 바느질할 때는 될 수 있으면 책뭉치를 들어 올리지 않는 편이 좋다.

2. 1번 대수의 2번 바느질 구멍 안쪽에서 바느질을 시작하고, 실 꼬리를 6cm 정도 남기고 뽑아낸다. 1번 대수의 바깥쪽에 있는 바늘을 2번 대수의 2번 바느질 구멍에 집어넣은 다음에 2번 대수의 3번 바느질 구멍으로 뽑아낸다. 그러고 나서 다시 1번 대수의 3번 바느질 구멍에 집어넣고, 1번 대수의 4번 바느질 구멍으로 뽑아낸다. 같은 작업을 바늘이 1번 대수의 5번 바느질 구멍으로 나올 때까지 반복한다(A).

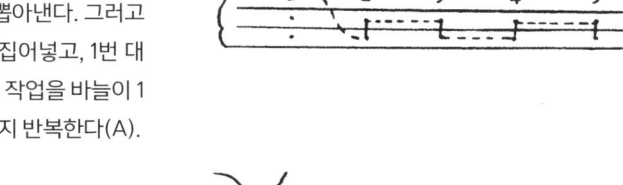

3. 이번에는 1번 대수의 5번 바느질 구멍에 있는 바늘을 다시금 1번 대수의 4번 바느질 구멍으로 보내 뽑아내고, 2번 대수의 4번 바느질 구멍에 집어넣는다. 바늘이 1번 대수의 1번 바느질 구멍 안쪽으로 돌아올 때까지 같은 작업을 반복한다.

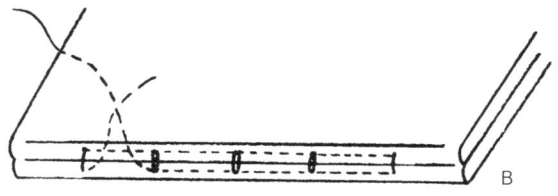

4. 바늘이 1번 대수의 1번 바느질 구멍 안쪽에 도착하면, 2단계에서 남겨 둔 6cm의 실 꼬리와 함께 옭매듭을 짓는다. (C)에서 보이듯이, 1번 대수의 1번 바느질 구멍과 최대한 가까운 곳에 매듭을 지어야 한다.

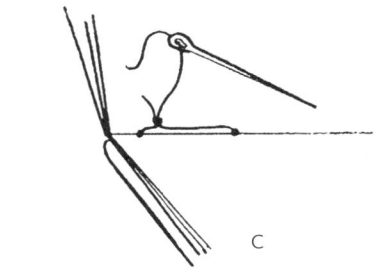

5. 2번 대수 위에 3번 대수를 올려놓는다. 1번 대수의 1번 바느질 구멍으로 다시 바늘을 뽑아낸 다음에 3번 대수의 1번 바느질 구멍에 바늘을 집어넣는다(D). 이어지는 작업은 평범한 재본용 바늘을 써서 수행할 수도 있지만, 만약 굽 바늘이 있다면 이 시점부터 일반 바늘 대신 굽 바늘을 쓰는 편이 나을 것이다.

노출 제책

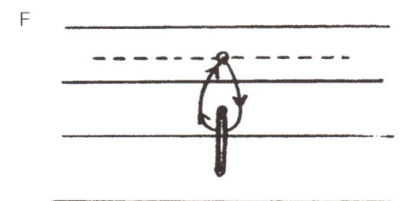

6. 3번 대수의 2번 바느질 구멍을 통해 바늘을 뽑아낸다. 그러고 나서 (E)와 (F)에서처럼 아래쪽에 드러난 바늘땀 사이에 바늘을 집어넣고, 다시 3번 대수의 2번 바느질 구멍에 집어넣어 '고리'를 만들어준다.

7. 3번과 4번 바느질 구멍에서도 위의 6단계를 반복한다. 바늘을 3번 대수의 5번 바느질 구멍 바깥쪽으로 뽑아낸 다음에 1번 대수와 2번 대수 사이에서 몰아엮음(61쪽 참조) 방식으로 매듭을 짓는다. 매듭을 만들 때 너무 꽉 죄어서는 안 된다.

8. 3번 대수 위에 4번 대수를 올려놓는다. 5번 바느질 구멍을 통해 4번 대수 안쪽에 바늘을 집어넣고, 4번 대수의 4번 바느질 구멍으로 뽑아낸다. 그러고 나서 아래쪽에 드러난 바늘땀 사이에 바늘을 집어넣었다가 다시 4번 대수의 4번 바느질 구멍에 집어넣어 '고리'를 만든다. 3번과 2번 바느질 구멍에서도 똑같이 작업한다. 바늘이 1번 바느질 구멍 바깥쪽으로 나오면, 2번 대수와 3번 대수 사이에서 몰아엮음 방식으로 매듭을 짓는다.

9. 마지막 대수인 8번 대수의 바느질을 끝낼 때까지 6~9단계를 반복한다.

10. 마지막 몰아엮음 매듭을 완성했다면, 8번 대수의 안쪽으로 다시 바늘을 집어넣고 옭매듭을 짓는다.

11. 바느질이 끝나면 본폴더를 이용하여 책등을 정돈하고, 슈나이프를 써서 아직 붙어 있는 내지의 책머리와 책배 쪽을 분할한다.

프랑스식 사슬짜기 제책

10번째 책: 크기 A5, 128쪽

재료

(용지 크기는 44쪽 참조)

내지: 두께 80~190g, 크기 A2 8장(횡목)

표지: 두께 100~175g, 크기 210×370mm 2장(횡목)
(색상이 다채롭거나 멋진 장식이 그려진 종이면 더 좋다.)

폐지(막 써도 되는 종이)

아마실: 두께 18/3 혹은 25/3, 길이 약 2m

도구

바늘
재단판
본폴더
스프링디바이더
칼
철제 자
심이 가는 연필이나 샤프
가위
무게 추와 누름판

노출 제책

책 만드는 방법

1. A2 종이를 8절판으로 작업한다. 같은 과정을 반복해 총 여덟 대수를 만든다(56쪽 참조). 대수 크기는 A5다.

2. 표지로 쓸 종이의 치수를 재고, 그에 맞춰 재단한다. 높이는 1단계에서 만든 대수와 같아야 하며, 너비는 대수의 2.5배여야 한다(즉, 대략 210×370mm가 되어야 한다). 표지로 쓸 종잇조각은 반드시 횡목이어야 한다.

3. 표지 한 장의 왼쪽 모서리에 대수를 올려놓고, 본폴더로 대수의 너비를 표지에 표시한다. 이제 대수를 치워버리고, 표지에 남긴 흔적을 따라 표지를 반듯하게 접어준다.

4. 표지를 접은 채로, 그 위에 다시 대수를 한 대 올린다. 이때 대수의 책배를 표지의 접선부에서 약 1mm 정도 떨어뜨려야 한다. 본폴더 끝으로 표지 위에 대수의 책등이 있는 지점을 표시한다.

5. 대수를 치우고 나서 표시를 따라 다시금 표지를 접는다.

노출 제책

6. 5단계에서 만든 접선부 안쪽에 대수를 집어넣는다. 이때 대수의 책등이 표지의 접선부와 만나야 한다.

7. 표지의 날개 부분을 펼치고 대수를 그 안에 집어넣는다. 표지의 책등과 대수의 책등을 정렬해준다.

8. 뒤표지에서도 3~6단계 작업을 반복한다.

9. 이제 각 대수와 표지를 하나로 합쳐 책 꼴로 만들어준다. 첫 번째 대수와 마지막 대수가 짧게 접지된 표지 용지의 안쪽에 들어가 있는지 확인한다. 원한다면, 대수에 바느질 작업을 하기 전에 하룻밤 동안 누름판과 무게 추 사이에 끼워두어도 좋다.

노출 제책

바느질하기

1. 바느질 구멍을 뚫는 데 쓸 모형을 만든다. 폐지 한 장을 대수의 길이와 너비에 맞춰 자른다. 그림을 참조하여 바느질 구멍을 여덟 군데에 표시한다.

두 개의 바느질 구멍을 각각 책머리와 책꼬리에서 15mm 떨어진 곳에 표시한다. 그러고 나서 스프링 디바이더를 이용하여 앞서 표시한 두 개의 바느질 구멍 사이에 세 쌍의 바느질 구멍을 더 표시한다.

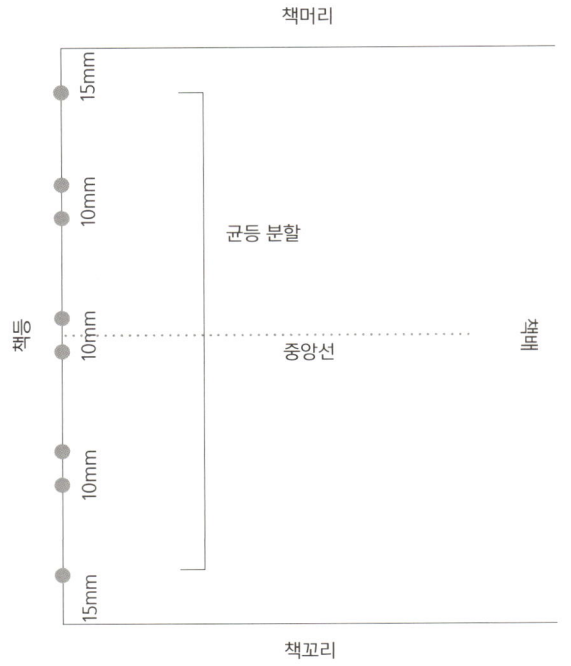

2. 표시를 기준으로 삼아 (앞뒤 표지에 집어넣은 첫 번째 대수와 마지막 대수를 비롯한) 모든 대수의 각 바느질 구멍 자리에 구멍을 뚫는다. 이때 표지와 대수를 잘 정돈하여 흐트러지지 않게 해야 한다. 그렇게 해야 책을 완성했을 때, 책머리와 책꼬리가 미끈하게 나온다. 72쪽에서 서술한 절차에 따라 각 바느질 구멍을 뚫는다.

노출 제책

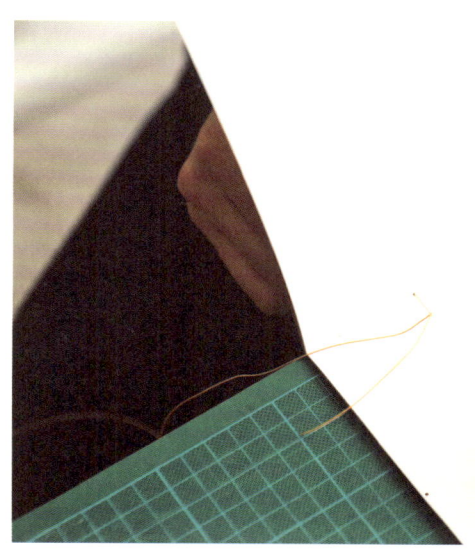

3. 팔 길이 정도(약 1m)의 25/3번 아마실을 바늘에 끼운다. 필요하다면 실에 왁스를 먹여도 좋다.

4. 표지를 씌운 첫 번째 대수를 표지가 아래쪽을 보게끔 작업대 위에 올려놓는다. 그러고 나서 책등이 작업대 끄트머리에 오게 하고, 대수의 안쪽에 무게추를 올려 바느질할 때 대수가 고정되게 한다.

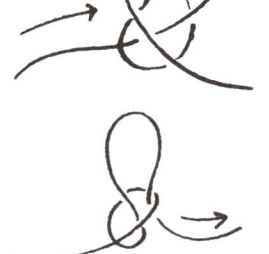
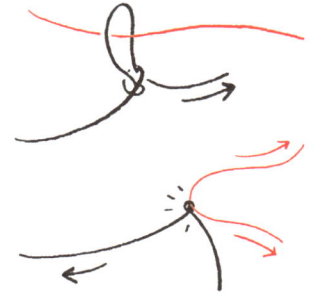

홀쳐매기

여러 대수를 꿰맬 때는 실 가닥들을 묶으려면 홀쳐매기 weaver's knot를 해야 한다.

(1) 새로운 실로 고리 두 개를 만든다.
(2) 두 번째 고리(B)를 첫 번째 고리(A) 안쪽에 집어넣어 풀매듭 slip knot을 짓는다.
(3) 실 끝을 잡아당겨 고리를 살짝 죈다.
(4) 기존 실 가닥이나 새로이 추가하고 싶은 실 가닥이 고리 안쪽으로 지나가게 한다.
(5) 새로운 실 가닥의 양 끝을 잡아당겨 기존의 실 가닥이 빠져나가는 일을 방지한다.
(6) 새로운 실 가닥과 기존의 실 가닥을 잡아당겨 매듭을 완성한다.

5. 대수의 2번 바느질 구멍 안쪽에서 바느질을 시작하여 대수 안쪽에 실 꼬리를 6cm 정도 남기고 뽑아낸다(A).

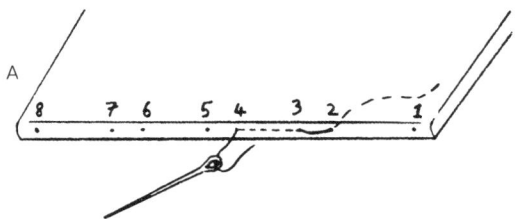

6. 그 상태에서 3번 바느질 구멍에 바늘을 집어넣은 다음에 4번 바느질 구멍으로 뽑아낸다. 같은 작업을 8번 바느질 구멍에 다다를 때까지 반복한다(B). 이 단계에서 실과 바늘이 대수 바깥쪽에 있어야 한다.

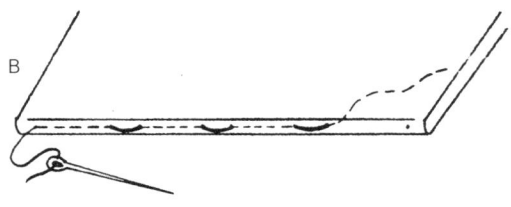

7. 무게 추를 치우고 두 번째 대수를 첫 번째 대수 위에 내려놓는다. 이때 책등의 접선부를 잘 정렬해야 한다. 무게 추를 다시 대수 안쪽에 놓는다. 대수를 추가할 때마다 같은 작업을 반복해준다.

8. 이제 바느질을 재개한다. 2번 대수의 8번 바느질 구멍에 바늘을 집어넣고 2번 대수의 7번 바느질 구멍으로 뽑아낸다(C). 이번에는 두 대수 사이에 고리를 만들어야 한다. 1번 대수의 6번 바느질 구멍과 7번 바느질 구멍 사이에 있는 바늘땀으로 바늘을 집어넣은 다음에, 다시 2번 대수의 6번 바느질 구멍에 집어넣는다. 바늘이 먼젓번 대수에 생긴 고리 아래로 지나간 다음에 다시 두 번째 대수로 돌아오게 된다(D). 이제부터는 각 바느질 구멍에서 대수 사이에 반드시 고리를 만들어야 한다.

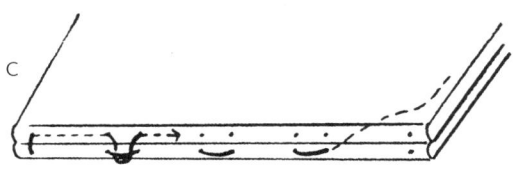

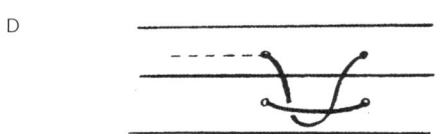

그리고 바느질 작업 전체에 걸쳐 장력을 균일하게 유지해야 한다는 사실을 유념한다. 실을 너무 많이 뽑아 바늘땀이 너무 꽉 조여졌다면, 실을 도로 당겨 바늘땀이 책등과 수평이 되게 해야 한다. 그렇게 해야 책이 찢어지지 않는다.

노출 제책

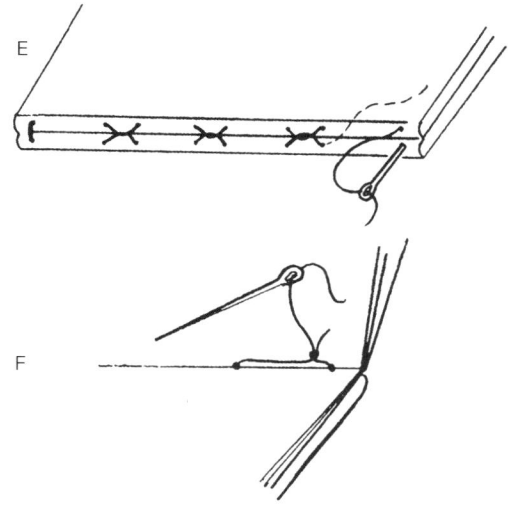

9. 2번 대수의 1번 바느질 구멍에서 실을 잡아당겨 팽팽하게 해준다. 그러고 나서 다시 1번 대수의 1번 바느질 구멍에 집어넣어 1단계에서 남겨둔 실 꼬리와 함께 옭매듭을 짓는다(E와 F).

10. 다시 1번 대수의 1번 바느질 구멍으로 바늘을 빼낸다.

11. 세 번째 대수를 두 번째 대수 위에 내려놓고, 바늘을 3번 대수의 1번 바느질 구멍 안에 집어넣는다. 3번 대수의 2번 바느질 구멍으로 바늘을 뽑아낸 다음에 2번 대수의 2번 바느질 구멍과 3번 바느질 구멍 사이에 고리를 만든다. 8번 바느질 구멍 밖으로 바늘이 빠져나올 때까지 먼젓번 대수와 사이에 계속해서 고리를 만들어야 한다(G).

12. 이제 몰아엮음 작업을 해야 한다(61쪽 H와 I 참조).

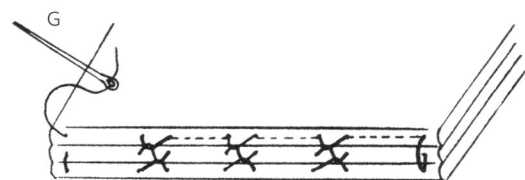

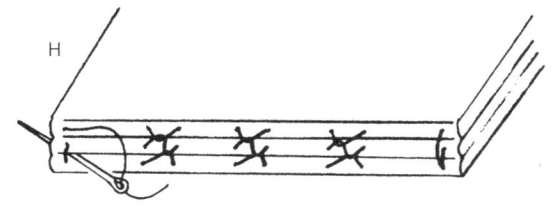

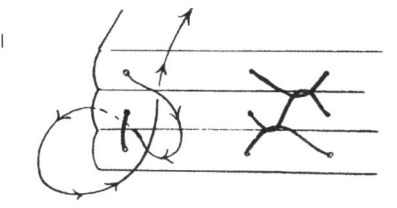

노출 제책

13. 대수를 전부 꿰맬 때까지 이 절차를 계속 반복한다. 마무리 단계에서는 몰아엮음 매듭을 지은 다음, 다시 8번 대수의 1번 바느질 구멍으로 돌아가 바늘땀에 옭매듭을 지어줘야 한다. 그런 다음에 남은 실들을 실 꼬리 1~2mm만 남게 잘라낸다.

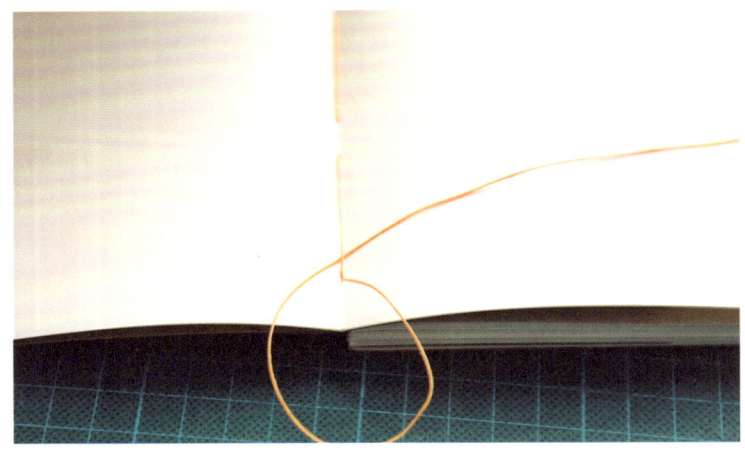

14. 바느질이 끝나면 본폴더를 이용하여 책등의 접선부를 눌러주고, 바느질 구멍을 정돈한다. 그러고 나서 슈나이프를 써서 아직 붙어 있는 내지의 책머리와 책배 쪽을 분할한다.

여러 대수 양장 제책

우리는 이제 다양한 제책 기법을 손에 익혔다. 그러므로 다음 단계인 여러 대수 양장 제책multi-section case binding 역시 간단히 할 수 있을 것이다.

다음 장에서는 고전적인 제책 방식인 '북클로스로 완전히 감싼 여러 대수 양장 제책'의 두 가지 응용법을 살펴볼 것이다. 앞서 서술했다시피 양장이란, 내지를 판지로 만든 앞뒤 표지와 책등으로 '싸맨' 것이다. 여러 대수 양장 책에는 대개 표지, 책등, 면지, 헤드밴드, 서표용 리본 같은 책의 다양한 구성 요소가 전부 들어간다(38~39쪽의 책 구조도를 참조한다).

새로운 기술이나 기법과 함께, 이번 장에서 서술할 과정에서는 테일밴드와 리본을 포함한 책의 새로운 디자인 요소를 설명할 것이다. 목적과 상황에 어울리는 책을 만들고 싶다면, 책을 이루는 각 부분의 색상과 질감 사이에서 어떤 상호작용이 일어날지를 신중히 고민해야 한다.

'모난등 양장'과 '둥근등 양장'은 제책 현장에서 각각 '각양장'과 '환양장'으로 불리기도 합니다.

모난등 양장 제책

11번째 책: 크기 A5, 128쪽

재료

(용지 크기는 44쪽 참조)

내지: 두께 80~130g, 크기 A2 8장(횡목)

면지: 두께 100~140g, 장식된 종이 2장(횡목)

회색판지: 두께 2mm, 크기 최소 250×350mm 한 장(횡목)
(추가로 작업판으로 쓸 판지 2장 필요하다. 최종적으로 만들 책의 책등보다 길거나 같아야 하며, 두께와 종이결은 상관없다.)

북클로스: 크기 약 350×450mm 한 장(횡목)

세양사나 프레이나트 캘리코: 크기 약 210×50mm(종목)

크라프트지(종목, 세양사나 프레이나트 캘리코와 얼추 크기가 같아야 한다.)

압지: 2장(대수를 누를 때 위아래로 받치는 종이, 폐지보다 깨끗한 종이면 좋다.)

방습용지: 2장

폐지(막 써도 되는 종이)

아마실: 두께 25/3, 길이 약 2m

PVA 접착제

(선택 사항) 헤드밴드: 너비 약 2cm 두 조각
(너비는 책의 두께에 맞춰 준비한다.)
(선택 사항) 리본: 폭 3mm, 길이 책 길이의 약 2.5배(약 60cm)

도구

바늘
재단판
본폴더
스프링디바이더
칼
삼각자
풀칠용 붓(아교 솔)
철제 자
심이 가는 연필이나 샤프
가위
무게 추와 누름판

오른쪽: 모난등 양장 제책(위)과 이를 변형한 둥근등 양장 제책(아래)

여러 대수 양장 제책

책 만드는 방법

1. A2 종이를 8절판으로 작업한다. 같은 과정을 반복해 총 여덟 대수를 만든다(55쪽 참조). 대수 크기는 A5다.

2. 대수를 책 꼴로 만들어 누름판과 무게 추 사이에 적어도 20분간 끼워둔다. 원한다면, 더 오래 끼워둬도 좋다.

바느질하기

1. 바느질 구멍을 뚫는 데 쓸 모형을 만든다. 폐지 한 장을 대수의 길이와 너비에 맞춰 자르고, 그림을 참조하여 바느질 구멍을 여덟 군데에 표시한다.

> 두 개의 바느질 구멍을 각각 책머리와 책꼬리에서 15mm 떨어진 곳에 표시한다. 스프링디바이더를 이용하여 앞서 표시한 두 개의 바느질 구멍 사이에 세 쌍의 바느질 구멍을 더 표시한다.

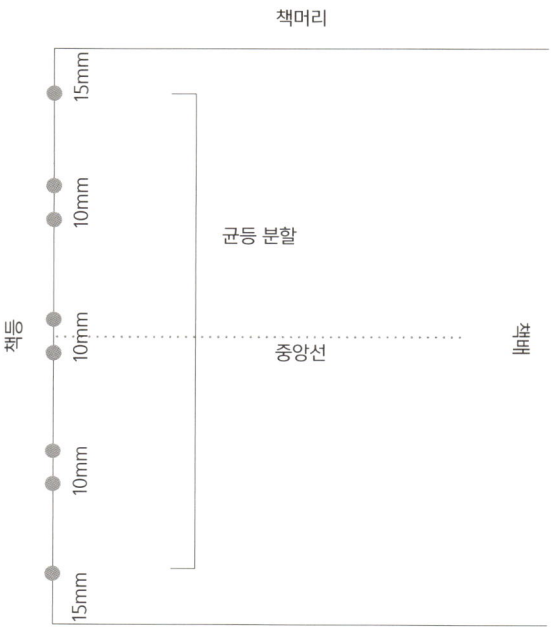

2. 표시를 기준으로 삼아 모든 대수의 각 바느질 구멍 자리에 구멍을 뚫는다. 이때 대수를 잘 정돈하여 흐트러지지 않게 해야 한다. 그렇게 해야 책을 완성했을 때, 책머리와 책꼬리가 미끈하게 나온다. 72쪽에서 서술한 절차에 따라 각 바느질 구멍 자리에 구멍을 뚫는다.

3. 팔 길이 정도(약 1m)의 25/3번 아마실을 바늘에 끼운다. 필요하다면 실에 왁스를 먹여도 좋다.

4. 첫 번째 대수를 작업대 위에 올려놓는다. 그러고 나서 책등이 작업대 끄트머리에 오게 하고, 대수의 안쪽에 무게 추를 올려 바느질할 때 대수가 고정되게 한다.

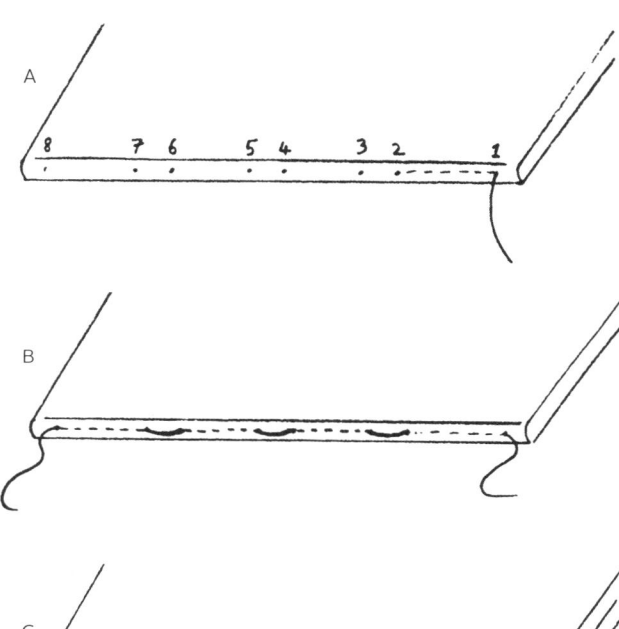

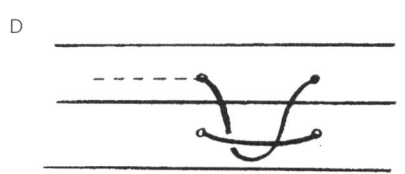

5. 1번 대수의 바깥쪽에서 1번 바느질 구멍 안쪽으로 바느질을 시작하고, 대수 바깥쪽에 실 꼬리를 6cm 정도 남기고 뽑아낸다(A).

6. 대수 안쪽에서 2번 바느질 구멍으로 바늘을 뽑아낸 다음에, 다시 3번 바느질 구멍에 집어넣는다. 같은 작업을 8번 바느질 구멍에 다다를 때까지 반복한다. 이 단계에서 실과 바늘이 대수 바깥쪽에 있어야 한다(B).

7. 무게 추를 치우고 두 번째 대수를 첫 번째 대수 위에 내려놓는다. 이때 책등의 접선부를 잘 정렬해야 한다. 무게 추를 두 번째 대수 안쪽에 다시 놓는다.

8. 바느질을 재개한다. 2번 대수의 8번 바느질 구멍에 바늘을 집어넣어 2번 대수의 7번 바느질 구멍으로 뽑아낸다. 이제 두 대수 사이에 고리를 만들어야 한다. 1번 대수의 6번 바느질 구멍과 7번 바느질 구멍 사이에 있는 바늘땀으로 바늘을 집어넣은 다음에, 다시 2번 대수의 6번 바느질 구멍에 집어넣는다. 바늘은 먼젓번 대수에 생긴 고리 아래로 지나간 다음에 다시 두 번째 대수로 돌아오게 된다. (C)와 고리를 만드는 방법을 자세히 묘사한 (D)를 참조한다. 이제부터는 각 바느질 구멍에서 대수 사이에 반드시 고리를 만들어야 한다.

여러 대수 양장 제책

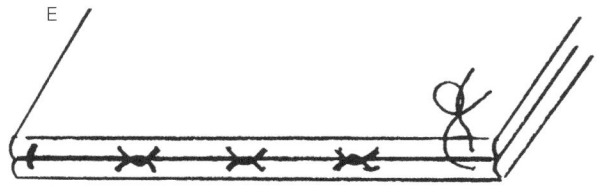

9. 2번 대수의 1번 바느질 구멍에서 실을 잡아당겨 팽팽하게 한다. (E)에서 묘사한 대로, 6단계에서 남겨둔 실 꼬리를 이용하여 1번 대수와 2번 대수 사이에 옭매듭을 짓는다.

10. 세 번째 대수를 두 번째 대수 위에 내려놓는다. 3번 대수의 8번 바느질 구멍에 다다를 때까지 바느질을 계속해야 한다. 8번 바느질 구멍 밖으로 바늘이 빠져나올 때까지 먼젓번 대수 사이에 계속해서 고리를 만들어준다.

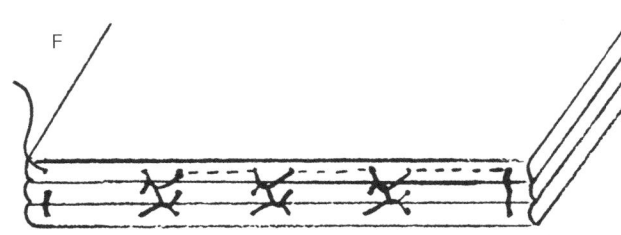

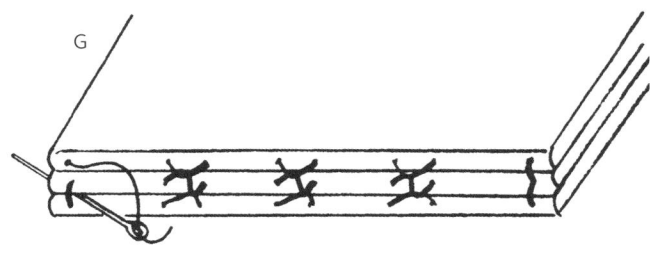

11. 이제 몰아엮음 작업을 해야 한다(G와 H, 61쪽 참조).

12. 이 절차를 대수를 전부 꿰맬 때까지 계속 반복한다. 마무리 단계에서는 마지막 대수에 몰아엮음 매듭을 두 군데 지은 다음에, 남은 실들을 실 꼬리 1~2mm만 남기고 잘라내야 한다.

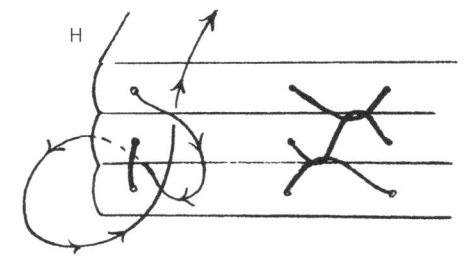

책뭉치 준비하기

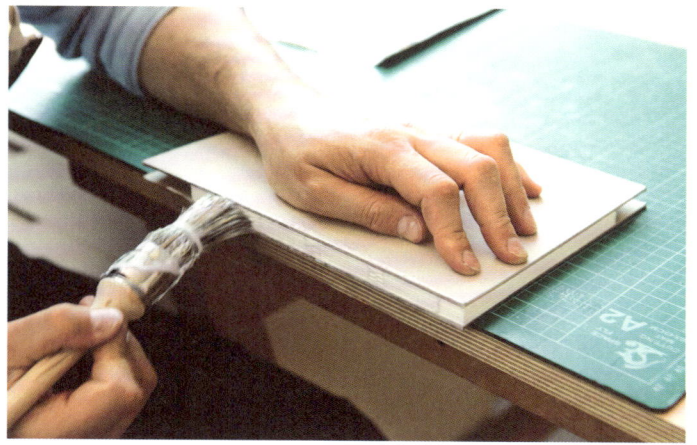

1. 작업판으로 쓸 판지 두 장 사이에 바느질을 마친 내지를 끼우고, 책등을 고르게 한다(이렇게 해야 PVA 접착제가 책등이 아닌 다른 곳으로 번지지 않는다). 그런 다음에 책등과 작업용 판지를 작업대 끄트머리에 걸치게끔 작업대 위에 올려놓는다.

2. 작업판을 손으로 누르거나 작업판 위에 무게 추를 올려 압력을 가한다. 풀칠용 붓으로 책등에 PVA 접착제를 얇게 바른다. 이때 대수 사이의 틈새에 접착제가 잘 스며들어야 한다. 엄지손가락을 이용하면 틈새 전부에 접착제를 쉽게 스며들게 할 수 있다. 과도하게 바른 PVA 접착제는 제거해준다.

3. 10~20분간 내버려두어 PVA 접착제를 어느 정도 말린다. 그런 다음에 작업용 판지를 치운다(회색판지 부스러기가 책뭉치에 남아 있을지도 모르지만, 걱정할 필요는 없다).

4. 134~136쪽에서 서술한 절차에 따라 내지의 앞과 뒤의 겉면에 면지를 붙인다.

5. 면지가 다 마르면 슈나이프를 이용하여 붙어 있는 내지를 분할한다(58쪽 참조).

6. 책등의 길이와 두께를 측정하여 기록한다.

7. 크라프트지를 책등 길이와 같은 길이와 책등 두께와 같은 너비로 자른다.

8. 세양사나 프레이나트 캘리코를 책등 길이보다 2cm만큼 짧은 길이와 책등 두께보다 6cm만큼 긴 너비로 자른다.

서표용 리본과 헤드밴드 (선택 사항)

1. 리본: 풀칠용 붓으로 책등의 절반가량에 PVA 접착제를 바르고, 리본의 한쪽 끝을 10cm 정도 붙인다. 리본 위에 PVA 접착제를 한 번 더 얇게 발라준다.

2. 리본을 조심스럽게 책장 사이에 끼워 표지를 싸맬 때 삐져나오지 않게 한다.

3. 헤드밴드: 기성품 헤드밴드 두 조각을 치수에 맞춰 자른다. 헤드밴드 조각은 너비가 책등의 두께보다 살짝 좁아야 한다.

4. 두 헤드밴드의 천 부분에 PVA 접착제를 직접 바른 다음에 각각 책등 머리와 꼬리에 부착한다. 이때 헤드밴드의 수놓은 부분이 책등 머리와 꼬리에서 살짝 튀어나와 있어야 한다.

역사적으로 헤드밴드는 책의 장식적 가치를 높이고, (책장에서 책을 꺼낼 때 책머리나 책꼬리가 쓸리면서 발생하는) 일상적인 마모에서 책을 보호하는 데 쓰였다. 전통적으로는 헤드밴드를 제책 기술자가 일일이 손으로 꿰매 만들었으나, 현재는 기계로 대량 생산하고 장식 용도로만 쓴다. 리본은 가름끈으로서 책을 장식하고, 어디까지 읽었는지 표시하는 용도로 쓴다.

책등에 등지 대기

1. 사진처럼 작업용 판지 사이에 책뭉치를 끼워 작업대 위에 올려놓고, 책등에 PVA 접착제를 바른다. 이때 책뭉치나 염색한 헤드밴드 끝부분에 PVA 접착제가 묻지 않도록 주의해야 한다. 책등에 세양사나 프레이나트 캘리코를 부착한다. 책등 머리와 꼬리 쪽에서 각각 15mm 정도를 띄워 중앙부에 부착하면 된다.

2. 본폴더로 잘 문질러 PVA 접착제를 골고루 바르고, 중간에 기포가 남지 않게 한다.

3. 세양사나 프레이나트 캘리코 위에 PVA 접착제를 한 번 더 얇게 발라준다.

4. 미리 잘라둔 크라프트지나 마닐라지를 책등에 붙인다. 이때 책등 머리와 꼬리에서 각각 25mm 정도를 띄워 중앙부에 붙여야 한다. 잘 문질러 책등과 크라프트지 사이에 떨어진 공간이 생기지 않게 한다.

5. 이제 적어도 1시간 동안 말린다.

표지

1. 책뭉치의 길이와 너비, 두께를 측정하여 기록한다.

2. 치수에 맞춰 판지를 앞표지, 뒤표지, 책등 조각으로 3등분으로 나눈다. 치수를 잴 때는 138쪽의 그림을 참조한다.

책등 조각의 길이는 앞뒤 판지의 길이와 같다. 책등 조각의 너비는 책뭉치의 두께에 판지 한 장의 두께(이번에는 2mm)를 더한 길이다.

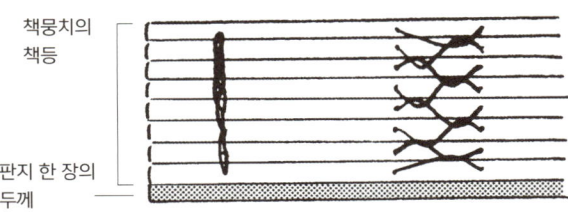

3. 회색판지를 잘라냈다면 판지와 책뭉치를 하나로 합쳐 책 꼴로 만든다. 이때 각각의 치수가 정확한지 확인해야 한다. 또 책 꼴이 네모반듯한지도 확인한다.

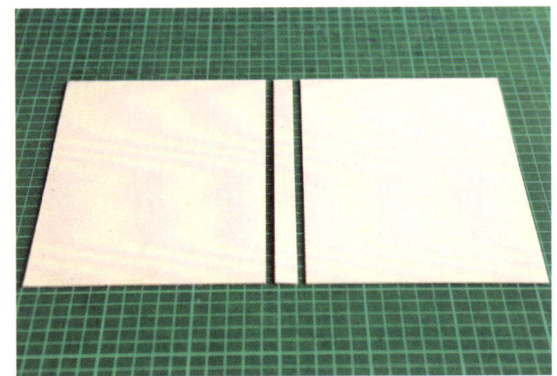

4. 책 꼴로 만든 책뭉치와 표지를 작업대 위에 올려놓고, 3분의 1가량을 작업대 끄트머리로 튀어나오게 한다. 얇고 긴 폐지 조각으로 책등을 단단히 감싼다. 한 손으로는 책을 꽉 붙들고, 다른 손으로는 사진에서처럼 앞표지와 뒤표지 사이의 거리를 폐지에 표시한다.

5. 폐지를 풀러 작업대 위에 펼쳐 놓고, 스프링디바이더를 이용하여 두 표시 사이의 거리를 측정한다. 나중을 위해 스프링디바이더를 이 치수대로 유지한다.

6. 철제 자와 재단판의 격자를 기준으로 삼아 북클로스에 선을 두 줄 긋는다. 두 줄은 서로 90도를 이루어야 하며, 각각 끄트머리에서 3cm씩 떨어져야 한다. 북클로스 위에 앞표지를 올려놓고, 그 윤곽선을 샤프로 살짝 표시한다.

7. 풀칠용 붓으로 표시한 부분에 PVA 접착제를 바른다. 그러고 나서 첫 번째 회색판지를 앞서 표시한 두 선에 맞춰 조심스럽게 올려놓는다. 본폴더로 잘 문질러 PVA 접착제를 골고루 펴 바른다.

8. 철제 자를 앞표지의 아래쪽에 맞댄다. 스프링디바이더를 이용하여 5단계에서 측정한 치수를 그림처럼 표시한다. 이 간격은 책등을 위한 간격이다. 그러고 나서 뒤표지를 올리고, 그 윤곽선을 샤프로 살짝 표시한다.

9. 표시한 부분에 PVA 접착제를 바른다. 뒤표지를 조심스럽게 북클로스 위에 올린다. 이때 철제 자와 스프링디바이더를 이용하여 앞표지와 뒤표지를 직선으로 잘 정렬했는지, 책머리와 책꼬리의 책등 간격이 일정한지 확인한다. 본폴더로 잘 문질러 PVA 접착제를 골고루 펴 바른다.

10. 책등 간격에 PVA 접착제를 바른 다음에 앞서 잘라둔 책등 조각을 눈대중으로 앞뒤 표지 중간에 놓는다. 본폴더로 잘 문질러 PVA 접착제를 골고루 펴 바른다.

11. 북클로스를 다듬을 차례다. 각 끄트머리를 3cm가량 남기고 잘라내고, 각 모서리를 45도 각도로 잘라낸다.

12. 이제 각 구역을 99~101쪽에 나온 단계에 따라 접어 표지를 싸맨다. 덧붙여 두 표지와 책등 사이의 틈을 잘 문지르는 것을 잊어서는 안 된다.

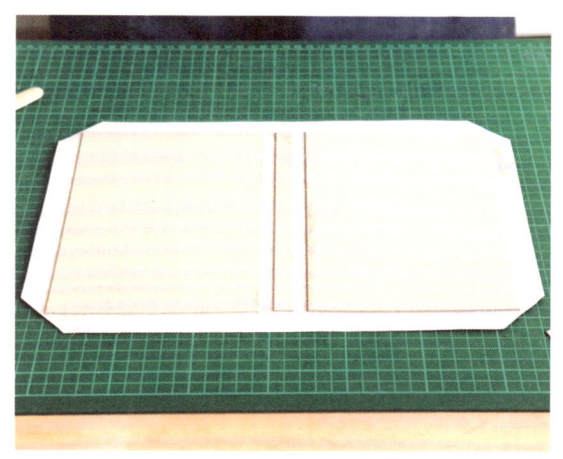

13. 작업용 판지와 무게 추 사이에 10~15분간 끼워둔다. 원한다면 더 오래 놔둬도 좋다.

표지 싸기

1. 책머리와 책꼬리, 책배 쪽에 생긴 여백을 균일하게 유지하면서 표지 판지 안쪽에 책뭉치를 배치한다.

2. 원한다면, 이 단계에서 앞 면지와 뒤 면지의 바깥쪽 장을 다듬는 작업을 해도 좋다. 면지의 책배를 1mm만큼 잘라내면 된다. 이렇게 하면 다음 단계에서 면지에 풀칠할 때 '늘어지는' 현상이 발생하는 것을 예방할 수 있다.

종이에 풀을 바르면 크기가 처음보다 1~2mm 늘어납니다.

3. 책뭉치를 제자리에 놓고 앞 면지 안쪽에 폐지를 끼운다. 이제부터는 빠르고 조심스럽게 작업해야 한다. 우선 면지에 PVA 접착제를 바른다. 면지 아래쪽에 접착제를 바른 다음에 세양사나 프레이나트 캘리코 위에 접착제를 바르면 된다. 그러고 나서 면지를 들어 올리지 않은 상태에서 재빨리 폐지를 치운다. 이제부터 면지가 말리기 시작할 것이다.

4. 책뭉치와 표지를 단단히 붙들고, 엄지와 검지로 책배를 눌러 책뭉치가 움직이지 않게 한다. 그런 다음에 면지 위에 앞표지를 덮어준다. 모든 것이 다 제 위치에 있고, 제대로 정렬되어 있는지 확인한 다음에 표지를 꾹 누

우선 PVA 접착제를 쓰지 않고 이 단계를 진행하여 사전에 감을 잡길 권장한다.

5. 압지와 방습용지를 앞뒤의 면지 사이에 끼운다. 이때 압지는 표지 쪽을 바라보고, 방습용지는 내지 쪽을 바라보게 놓아야 한다.

6. 폐지 한 장을 표지와 책등 사이에 있는 홈 위에 걸쳐 놓는다. 그러고 나서 본폴더로 홈을 처음부터 끝까지 눌러 책귀를 만든다.

7. 책을 책등이 살짝 드러나게 하여 작업용 판지와 무게 추 사이에 하룻밤 동안 끼워 둔다. PVA 접착제가 완전히 마르기 전에는 책을 **절대** 펼쳐선 안 된다.

8. 책이 다 마르면 손으로 책등을 쥐고, 책머리와 책꼬리 쪽에서 헤드밴드 바깥쪽으로 삐져나온 크라프트지를 가위로 다듬는다. 이때 헤드밴드를 자르지 않도록 주의해야 한다.

둥근등 양장 제책

12번째 책: 크기 A5, 128쪽

재료

(용지 크기는 44쪽 참조)

내지: 두께 80~130g, 크기 A2 8장(횡목)

면지: 두께 100~140g, 장식된 종이 2장(횡목)

회색판지: 두께 2mm, 크기 최소 250×350mm 한 장(횡목)
(추가로 작업판으로 쓸 판지 2장이 필요하다. 최종적으로 만들 책의 책등보다 길거나 같아야 하며, 두께와 종이결은 상관없다.)

북클로스: 크기 약 350×450mm 한 장(횡목)

세양사나 프레이나트 캘리코: 크기 약 210×50mm(종목)

크라프트지(종목, 세양사나 프레이나트 캘리코와 얼추 크기가 같아야 한다.)

마닐라지(종목, 세양사나 프레이나트 캘리코와 얼추 크기가 같아야 한다.)

압지: 2장(대수를 누를 때 위아래로 받치는 종이, 폐지보다 깨끗한 종이면 좋다.)

방습용지: 2장

폐지(막 써도 되는 종이)

아마실: 두께 25/3, 길이 약 2m

PVA 접착제

(선택 사항) 헤드밴드: 너비 약 2cm 두 조각
(너비는 책의 두께에 맞춰 준비한다.)

(선택 사항) 리본: 폭 3mm, 길이 책 길이의 약 2.5배(약 60cm)

도구

바늘
재단판
본폴더
스프링디바이더
칼
책귀내기 망치
삼각자
풀칠용 붓(아교 솔)
철제 자
심이 가는 연필이나 샤프
가위
무게 추와 누름판

여러 대수 양장 제책

책 만드는 방법

모난등 양장 제책(176~179쪽)에서 서술한 책 만드는 방법, 바느질하기(대수 꿰매기), 책뭉치 준비하기를 그대로 따라 한다.

책등을 둥글리기 전에 책뭉치의 길이와 너비, 두께를 측정하여 기록한다.

둥근등 양장 제책은 그 이름이 시사하듯이 책등은 둥글고 책배는 오목하다. 둥근 책등과 오목한 책배는 유럽식 전통 제책에서 흔히 드러나는 특징이다. 책등이 둥근 책은 펼치기 쉽고, 책을 펼쳤을 때 책등이 평평해진다. 책귀내기 망치로 책등을 둥글리는 작업은 처음에 할 때는 분명 까다롭지만, 연습해서 얼마든지 익숙해질 수 있다.

책등 둥글리기

책뭉치가 준비되었다면 책귀내기 망치를 이용하여 책등을 둥글려준다. 책귀내기 망치를 사용할 때는 '망치 머리'를 손에 쥐고 '망치 얼굴'을 검지와 중지 사이에 끼워야 한다.

1. 책뭉치의 책배를 내 쪽으로 향하게 한 상태에서 책 밑에 엄지손가락을 대고 책배를 쥔다. 다른 손가락으로 책을 꽉 누른 상태에서 엄지손가락으로 책배를 들어 책배의 단면을 넓게 편다.

2. 망치를 비스듬히 세워 책등의 모서리 부분을 망치질한다. 이때 책배 쪽을 향해 망치질해야 한다. 책등의 위쪽 절반이 고르게 둥근 모양이 될 때까지 책등 머리와 꼬리를 오가며 계속 망치질한다.

3. 반대편 책등에도 똑같이 작업하여 책등 전체를 둥글리고, 책배 전체를 오목하게 해준다. 책등 양편을 모두 깔끔한 둥근 형태로 만들려면 시행착오를 몇 차례 겪어야 할 것이다.

서표용 리본과 헤드밴드 (선택 사항)

모난등 양장 제책(180쪽)에서 서술한 리본과 헤드밴드에 관한 절차를 그대로 따라 한다. 헤드밴드를 접착하는 작업이 끝났다면, 두 헤드밴드가 둥근 책등에 단단히 부착되었는지 확인한다.

책등에 등지 대기

모난등 양장 제책(182~183쪽)에서 서술한 책등에 등지 대기 관한 절차를 그대로 따라 한다.

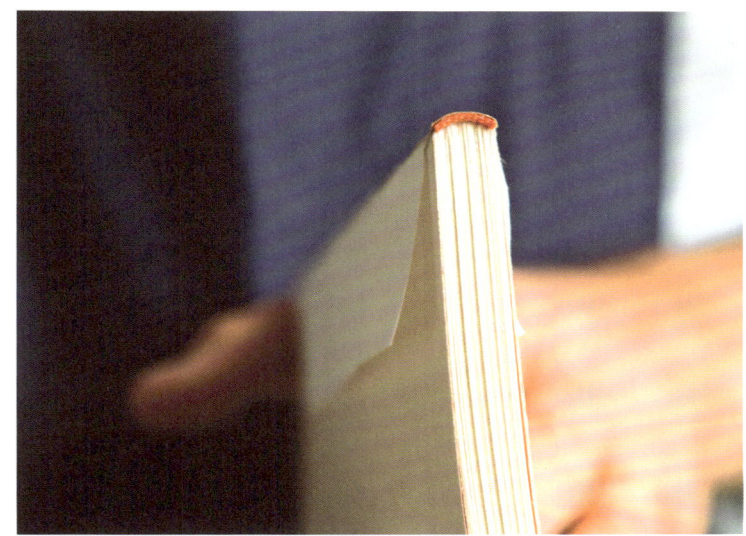

표지

1. 기다란 폐지 조각으로 책등을 감싼 다음에, 샤프로 폐지 위에 책등 너비를 표시하여 책등의 두께를 측정한다.

2. 책등을 둥글리기 전에 측정했던 치수를 이용하여(188쪽 참조), 앞표지와 뒤표지를 치수에 맞춰 자른다(138쪽 참조).

3. 마닐라지를 표지용 판지와 같은 길이와 1단계에서 측정한 책등의 두께와 같은 너비로 자른다. 이 마닐라지가 책등이 될 것이다.

4. 회색판지를 잘라냈다면 판지와 책뭉치를 하나로 합쳐 책꼴로 만든다. 이때 각각의 치수가 정확한지 확인한다. 책머리와 책꼬리, 책배 쪽에 생긴 사각형이 삐뚤어져선 안 된다.

5. 이제 책귀의 치수를 재야 한다. 책 꼴로 만든 책뭉치와 표지를 작업대 위에 올려놓고 3분의 1가량을 작업대 끄트머리로 튀어나오게 한다. 기다란 폐지 조각으로 책등을 감싸고, 한 손으로 책과 폐지 조각을 동시에 꽉 쥔다. 그러고 나서 다른 손으로 사진에서 보이듯이 판지와 책등의 가장자리를 표시한다. 한 쌍의 스프링디바이더를 이용하여 두 표시 사이의 간격을 측정한 다음에, 거기에 1mm를 더해준다(이 1mm가 책귀에 붙일 북클로스의 두께를 보완한다). 나중을 위해 지금 잰 치수를 기록으로 남긴다.

여러 대수 양장 제책

6. 철제 자와 재단판의 격자를 기준으로 삼아 북클로스에 선을 두 줄 긋는다. 두 줄은 서로 90도를 이루어야 하며, 각각 끄트머리에서 3cm씩 떨어져야 한다. 북클로스 위에 앞표지를 올려놓고, 그 윤곽선을 샤프로 살짝 표시한다.

7. 풀칠용 붓으로 표시한 부분에 PVA 접착제를 바른다. 그러고 나서 첫 번째 회색판지를 앞서 표시한 두 선에 맞춰 조심스럽게 올려놓는다. 본폴더로 잘 문질러 PVA 접착제를 골고루 펴 바른다.

8. 철제 자를 앞표지 아래쪽에 맞댄 다음에 책머리와 책꼬리 부분에 5단계에서 측정한 책귀의 치수를 표시한다. 책등 간격에 PVA 접착제를 바른 다음에 두 책귀 표시를 기준으로 삼아 마닐라지로 만든 책등 조각을 붙인다. 본폴더로 잘 문질러 PVA 접착제를 골고루 펴 바른다.

9. 철제 자를 앞표지 아래쪽과 마닐라지로 만든 책등 조각 아래에 맞댄다. 그런 다음에 머리와 꼬리 부분에 5단계에서 측정한 치수를 이용해 두 번째 책귀를 표시한다.

10. 두 번째 책귀 표시를 기준으로 삼아 북클로스 위에 뒤표지를 올린 다음에 표지의 윤곽선을 살짝 표시한다.

11. 표시한 부분에 PVA 접착제를 바른다. 뒤표지를 조심스럽게 북클로스 위에 올린다. 이때 철제 자를 이용하여 앞표지와 뒤표지를 직선으로 잘 정렬했는지 확인해야 한다. 본폴더로 잘 문질러 PVA 접착제를 골고루 펴 바른다.

12. 이제 북클로스를 다듬을 시간이다. 각 끄트머리를 3cm가량 남기고 잘라낸다(철제 자는 너비가 보통 3cm다). 그러고 나서 **장식용 종이 표지를 붙인 콘서티나**(98쪽)에서 서술한 절차에 따라 각 모서리를 잘라준다.

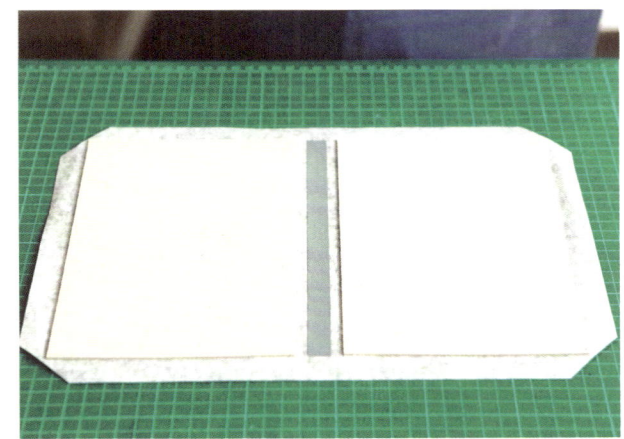

13. 이제 각 구역을 99~101쪽에서 서술한 단계에 따라 접은 다음에 표지를 싸맨다. 덧붙여 두 표지와 책등 사이의 틈을 잘 문지르는 것을 잊어선 안 된다.

14. 작업용 판지와 무게 추 사이에 10~15분간 끼워둔다. 원한다면 더 오래 놔둬도 좋다.

15. 사진에 보이는 대로 표지의 책등을 작업대 끄트머리에 앞뒤로 오가면서 문질러 둥글린다.

여러 대수 양장 제책

표지 싸기
모난등 양장 제책(184~185쪽)에서 서술한 표지 싸기에 나오는 절차를 그대로 따라 한다.

구매처 목록

런던

에스메윈터(Esme Winter)
esmewinter.co.uk
패턴지(patterned paper), 마블지(marble paper), 문구류 판매.

젬마루이스마블링(Jemma Lewis Marbling)
jemmamarbling.com
수제 마블지 및 마블링 도구 판매.

페이헴버리마블지(Payhembury Marbled Papers)
payhembury.com
수제 마블지 판매.

G. F. 스미스(G. F. Smith)
gfsmith.com
상업 용지 판매. 다양한 색지와 내지 취급.

R. K. 버트앤드컴퍼니(R. K. Burt & Company Ltd)
rkburt.com
런던시 유니언가 57-61
(57-61 Union street, London)
우편번호: SE1 1SG
고급 용지 판매. 고품질 판화지 취급.

존퍼셀페이퍼(John Purcell Paper)
johnpurcell.net
런던시 럼지가 15
(15 Rumsey Road London)
우편번호: SW9 9TR

페이퍼체이스(Paperchase)
paperchase.co.uk
영국 전역에 지점을 둔 문구사.

런던북아트센터
shop.londonbookarts.org
런던시 데이스가 56 브리타니아워크스 1층 18호
(Unit 18, Ground Floor Britannia Works 56, Dace Road, London)
우편번호: E3 2NQ
제책 도구와 재료, 용지, 북클로스, 포장 재료, 장식지, 제책 공구 취급. 워크숍과 강좌 개최.
회원에게 시설과 장비 공개. 제책 관련 상담.

휴잇앤드선즈(Hewit & Sons Ltd)
hewitonline.com
제책용 가죽, 제책 도구와 장비, 포장 재료 취급.

라치포드(Ratchford Ltd)
ratchford.co.uk
표지 재료와 도구 취급.

쉐퍼즈폴키너스(Shepherds Falkiners)
store.bookbinding.co.uk
런던시 빅토리아 길링햄가 30
(30 Gillingham street, Victoria London)
우편번호: SW1V 1HU
고급 용지 및 장식지, 제책 도구와 소모품 취급.

국내

책 만들기에 입문하는 분들에게 추천하는 가성비 좋은 온라인 매장은 셀통, 비본, 부키아트입니다. 꼭 필요한 기본적인 재료를 저렴한 가격으로 구매하기에 좋습니다. 오프라인 매장은 없지만, 간혹 화방이나 대형 문구점 안에 코너가 마련되어 있을 수 있으니 해당 사이트에 문의하시기 바랍니다.

셀통
celltong.com

비본
bibon.co.kr

부키아트
bookyart.com

제책 전문 도구 및 재료를 구매하고 싶은 분들에게는 바인딩몰이라는 온라인 매장을 추천합니다. 유럽의 제책 재료들을 수입해 판매하는 곳으로, 우리 책에 등장하는 대부분 도구와 재료를 살 수 있습니다.

바인딩몰
bindingmall.com

그리고 꼬북스튜디오 공방에서 운영하는 소규모 온라인 매장도 있습니다. 직접 디자인한 제책 아이디어 상품과 유럽에서 사용하는 제책 관련 도구 들을 판매합니다.

꼬북샵
gobook-shop.com

종이를 구매할 때는 근처 화방이나 문구점, 충무로의 지업사에서 살 수도 있습니다. 그러나 좀 더 다양한 수입 종이를 구하고 싶은 분에게는 두성페이퍼나 삼원페이퍼를 권합니다. 이 두 회사는 온라인 매장뿐만 아니라 을지로에 오프라인 매장도 있어서 직접 눈으로 보고 고를 수 있다는 장점이 있습니다. 또 직접 방문해서 구매하면, 근처 재단소에서 원하는 크기로 종이를 자를 수도 있습니다.

두성페이퍼
inthepaper.co.kr

삼원페이퍼
papermore.com

용어

니핑프레스(nipping press)
책을 압착하는 장치.

대수(section)
종이를 접어 네 장 이상의 낱장으로 만든 것.

레잉프레스(laying press)
작업할 때 책을 단단히 고정하는 데 쓰는 나무 압착기.

마닐라지(manila)
양장 제책을 할 때 등지로 쓰거나 책등을 보강하여 곧게 유지하는 용도로 쓰는 튼튼한 판지.

면지(endpaper)
양장 제책에서 맨 앞과 뒤에 들어가는 색지나 장식지.

밀판지(milboard)
제책에 쓰는 품질이 우수하고 밀도가 높은 판지.

바느질 구멍(sewing station)
대수의 접선부에 뚫은 바느질용 구멍.

본폴더(bone folder)
종이를 접거나 종이에 자국을 남기는 데 쓰는 길고 얄팍한 도구.

세양사(mull)
양장 제책에서 책등에 덧대는 성긴 천.

소책자(chapbook)
단순하게 장정한 책. 팸플릿을 일컫는 다른 말.

송곳(awl)
구멍을 뚫는 데 쓰는 도구.

슈나이프(shoe knife)
본래 구두 수선공이 쓰는 칼인데, 제책에서는 종이를 자르는 데 쓴다.

스프링디바이더(spring divider)
길이를 정확히 측정하고, 같은 길이를 반복적으로 표시하는 작업을 할 때 쓰는 공구.

실제본틀(사철기, sewing frame)
책 여러 권의 대수를 동시에 꿰매는 장치.

아코디언 책(accordion book)
기다란 종이 한 장을 여러 번 접어 만든 간단한 책.

ISO 표준(ISO system)
일련의 용지 크기(A4, A3 등등).

2절판(folio)
한 번 접은 종이.

작두형 판지 재단기(board chopper)
회색판지나 밀판지를 자르고 다듬는 장치.

전동 재단기(guillotine)
종이를 규격에 맞춰 자르거나 다듬는 장치.

제책소(bindery)
제책 작업을 진행하는 공방이나 작업장, 공장.

종이결(grain)
종이 섬유가 배열된 방향.

책귀(joint)
앞뒤 표지와 책등 사이에 생기는 홈.

책꼬리(tail)
책의 꼬리 부분(38쪽 참조).

책등(spine)
책배 반대편에 있는 내지가 하나로
합쳐진 부분.

책머리(head)
책의 머리 부분(38쪽 참조).

책뭉치(book block)
대수를 엮어 만든 책의 '속'.

책배(fore-edge)
책을 펼치는 부분으로, 책등 반대편에 있다.

책장(leaf)
책의 낱장.

콘서티나(concertina)
기다란 종이 한 장을 여러 번 접어 만든
간단한 책.

크라프트지(kraft paper)
양장 제책을 할 때 등지로 쓰거나 책등을 보강하여 곧게
유지하는 용도로 쓰는 튼튼한 종이.

테플론폴더(teflon folder)
테플론으로 만든 접지용 도구로, 본폴더 대신 쓸 수 있다.

판지(board)
양장 표지로 쓰는 두꺼운 종이로, 보통 재활용지다.

표지 싸기(casing-in)
책을 표지나 덮개에 접착하거나 결합하는 작업.

피니싱프레스(finishing press)
작업할 때 책을 단단히 고정하는 데 쓰는 나무 압착기.
레잉프레스보다 작다.

핀바이스(pin vice)
손잡이와 물림쇠 그리고 교체할 수 있는 부착형 드릴이나 칼날,
바늘 등으로 이루어진 송곳과 비슷한 도구.

프레이나트(fraynot)
양장 제책에서 책등에 대는 캘리코 천.

헤드밴드(headband)
책등 머리와 꼬리에 붙이는 접착물로서, 전통적으로는 책이
마모되는 현상을 방지하는 기능을 했다.

회색판지(greyboard)
판지 참조. 표지용으로 쓰는 두꺼운 재활용지로, 형태가 아주
다양하다.

고맙습니다

우선 책을 쓸 기회를 준 파빌리온북스(Pavilion Books) 출판사에 감사의 말을 전하고 싶다. 대단한 능력과 끝없는 인내심을 보여준 편집자 에이미 크리스티안과 사진작가 스기우라 유키에게도 감사한다. 디자인을 도와준 야마다 마코도 빼놓을 수 없다. 공방에서 온갖 일을 도와준 모든 이에게도 감사의 말을 전한다. 마지막으로 역시나 이번에도 멋진 삽화를 그려준 제이 코버에게 감사한다.

우리 공방 구성원과 워크숍을 진행하는 강사들, 런던북아트센터와 친분을 맺은 모든 사람에게 특별히 감사를 전한다. 일일이 이름을 적기엔 수가 너무 많아 여기에서 거론할 수는 없지만, 여러분이 없었다면 이 책은 세상에 나오지 못했을 것이다.

런던북아트센터

2010년에 설립된 런던북아트센터London Centre for Book Arts, LCBA는 누구에게나 열려 있는 북아트 공방이다. 사이먼 구드Simon Goode와 요네무라 이라Ira Yonemura가 운영하고 있으며, 일반인들이 북아트를 친숙하게 느끼고 경험하도록 다양한 워크숍과 강좌를 개설해 진행하고 있다. 유럽의 수많은 예술가와 디자이너, 독립출판물 제작자가 방문했으며, 한국에서도 핸드크래프트 북바인딩을 배우기 위해 많은 사람이 이곳을 찾고 있다.

사이먼 구드와 요네무라 이라는 런던북아트센터를 방문한 사람들과 교류하며 축적한 지식과 노하우를 여섯 가지 제책 방법으로 체계화해 『메이킹 북스』에 담았다. 『메이킹 북스』는 전통적인 제책 방법론을 유지하면서도 현대적이고 세련된 감각으로 책을 만드는 핸드크래프트 북바인딩 가이드북이다.

옮긴이 **김부민**

대학에서는 경영학을 전공하고, 석사과정에서는 재무학을 전공했는데, 어쩌다 보니 번역가가 되어 버렸다. 논리가 살아있는 책을 논리가 살아있는 번역서로 만들고 싶다. 문학도 싫진 않지만, 역시 지식을 전하는 책을 '잘' 번역하고 싶다. 그런데 문학 번역 수업은 왜 듣고, 단편소설은 뭐하러 번역했냐고? 지식에는 양념이 필요하고, 번역에는 아름다움이 필요하니까.『물건의 탄생』(푸른지식, 2017),『처음, 옮기다』(엑스북스, 2017),『코스모스 인포그래픽스』(푸른지식, 2018)를 우리말로 옮겼다.

감수자 **신명희**(꼬북스튜디오)

우연히 접한 독립출판물 제작 강의를 듣고 책 만들기의 매력에 빠졌다. 대학에 다닐 때는 시키지도 않은 전시 도록 만들기를 자처했고, 졸업을 앞두고는 잡지사에 지원해 계간지를 만들었다. 책 만들기의 세계를 더 깊게 경험하고 싶어, 런던예술학교 캠버웰예술대학교에서 북아트를 공부했다. 그중에서도 책을 엮는 과정인 '북바인딩'에 매혹되어 영국의 여러 북바인더를 따라다니며 그들의 기술을 배웠다. 한국으로 돌아와 여행 잡지사에서 에디터로 일하다, 2016년에 꼬북스튜디오라는 제책 공방을 열어 북바인딩 수업을 진행하며 직접 책을 만들고 있다.

gobookstudio.com

이 도서의 국립중앙도서관 출판예정도서목록(CIP)은
e-CIP홈페이지(http://www.nl.go.kr/ecip)와
국가자료공동목록시스템(http://www.nl.go.kr/kolisnet)에서
이용하실 수 있습니다. (CIP제어번호: CIP2018025357)

메이킹 북스
런던북아트센터에서 배우는 12가지 핸드크래프트 북바인딩

초판 1쇄 발행 2018년 9월 3일
초판 2쇄 발행 2022년 6월 10일

지은이 사이먼 구드, 요네무라 이라, 런던북아트센터
옮긴이 김부민
감수자 신명희
펴낸이 윤미정

책임편집 성기병
책임교정 김계영
홍보 마케팅 양혜림
디자인 류지혜(bauyabauya.blog.me)

펴낸곳 푸른지식 출판등록 제2011-000056호 2010년 3월 10일
주소 서울특별시 마포구 월드컵북로 16길 41 2층
전화 02)312-2656 **팩스** 02)312-2654
이메일 dreams@greenknowledge.co.kr
블로그 greenknow.blog.me

ISBN 979-11-88370-20-7 (13630)

이 책의 한국어판 저작권은 Icarias Agency를 통해 Pavilion
Books Company Limited와 독점 계약한 푸른지식에 있습니다.
저작권법에 의하여 한국 내에서 보호를 받는 저작물이므로 무단전재와
복제를 금합니다. 이 책 내용의 전부 또는 일부를 이용하려면 반드시
저작권자와 푸른지식의 서면동의를 받아야 합니다.

잘못된 책은 바꾸어 드립니다.
책값은 뒤표지에 있습니다.